ANÓNIMO

El Romancero

Introducción, selección, notas y propuestas didácticas de
Pilar Úcar Ventura

Edita desde 1866
Magisterio

Novelas y Cuentos
biblioteca de aula

Colección fundada en 1929 por José N. de Urgoiti

TERCERA ÉPOCA

Director:
Juan Manuel Joya

Coordinación editorial: Guadalupe Ortiz de Landázuri
Diseño y composición: Kristof Boron

Caspe, 79. 08013 Barcelona
Tel.: 93 232 37 13. Fax: 93 265 68 95
http://www.editorialcasals.com

ISBN: 84-218-2180-6

Depósito legal: M-35.898-1999
Printed in Spain
Impreso en Anzos, S.L., Fuenlabrada (Madrid)

INTRODUCCIÓN

EL *ROMANCERO*

1. Introducción

El *Romancero* es un conjunto de composiciones o poemas anónimos de carácter épico o épico-lírico breves, compuestos en los siglos XIV y XV para ser cantados al son de un instrumento o recitados acompañados de éste. Suelen presentar una estructura muy simple: un número indefinido de versos octosílabos, rimados en asonante los pares y libres los impares. Es el resultado de escribir en versos diferentes los dos hemistiquios del verso heroico, hecho que dotaba al romance de una mayor agilidad y de un ritmo más rápido, a diferencia de la tranquila solemnidad de las gestas.

Son obras de poetas anónimos[1]; conviene aclarar su anonimato, debido no al olvido del nombre del autor sino por ser obra de muchos autores —aunque no simultáneos, sí sucesivos— que mantienen el carácter de anonimia. Así pues, el *romance*, como composición popular, es obra de un autor que se siente "pueblo"[2].

LA FIGURA DEL JUGLAR

Resulta importante destacar la figura del juglar, íntimamente ligado al paisaje de la Edad Media. Cantaban, acompañados de diferentes instrumentos, composiciones poéticas a través de las cuales se daban a conocer al público los relatos y las noticias del momento, siendo los difusores de la épica primitiva en sus recorridos por pueblos y castillos. Servían además de esparcimiento al público convocado a su llamada: desde las aldeas a las cortes; poseían recursos muy diversos para entretener: pantomimas, bailes, comparsas, animales...; con frecuencia recitaban composiciones narrativas a modo de representación dramática con un solo personaje[3].

El juglar siempre fue sospechoso de ciertas costumbres licenciosas no muy bien admitidas por ciertos sectores de la sociedad de la época, identificados con personas de la farándula poco aceptadas en algunos ambientes.

---

1 *Romancero*, ed. de Ávila Avellano, Madrid, Anaya, col. Biblioteca didáctica, nº 5, p. 51.

2 "Poesía popular y Romancero", *Revista de Filología Española*, III, 1916, p. 272.

3 Jean Rychner, *La chanson de geste. Essai sur l'art épique des jongleurs*, Genève-Lille, 1955, p. 25.

LA PALABRA ROMANCE

Con el nombre de "romance" se designó en primer lugar al latín. Más tarde en la Edad Media y en el ámbito literario significaba: "composiciones varias redactadas en la lengua común y no en el latín de los clérigos"[4]; y con el tiempo dicho término se va limitando a los cantares de carácter narrativo, a las gestas épicas. En el siglo XV se define el significado que conocemos en la actualidad: designa temas y episodios de los cantares de gesta que se cantaban o recitaban de forma fragmentaria al modo de canciones épico-líricas.

Se usó el vocablo en Francia desde finales del siglo XVI, al hablar de los cantos españoles, creyéndolo por lo común femenino, "la romance". Así lo usó Corneille y quedó fijado el término para designar poemas narrativos de España o de cualquier otro país. Con su género femenino pasó la voz desde Francia a Alemania para indicar todo tipo de canto español; y de ahí a Italia con la acepción de composición musical cantada.

2. Transmisión

Los romances gozaron inicialmente de una difusión oral. Sólo a finales del siglo XV y, principalmente, durante el XVI, fueron recogidos en textos escritos. Hasta nosotros han llegado a través de las siguientes vías:

1. Antologías poéticas como el *Cancionero de Estúñiga* (1458), que contiene dos romances, o el *Cancionero General* (1511), recopilado por Hernando del Castillo, y que recoge unas 48 composiciones.
2. Colecciones de romances, entre las que destacan el *Libro en el cual se contienen cincuenta romances con sus villancicos y desechas* hacia 1525, y el *Cancionero de romances*, editado por Martín Nucio en Amberes en torno a 1549.
3. Pliegos sueltos: cuadernillos que se vendían a bajo precio y que, debido a su fragilidad, se han perdido en su mayor parte.
4. Transmisión oral moderna: algunos romances, o algunas versiones de romances ya impresos, se han recuperado gracias a la memoria popular, que los ha conservado a través de los siglos.

3. Origen

Una primera hipótesis, formulada por los románticos alemanes, como Herder y Grimm, supuso que los romances tenían un origen muy antiguo, anterior incluso al de los cantares de gesta, que se habrían formado gracias a la concatenación de diversos romances.

Frente a esta suposición se alzó otra que sostenía precisamente lo contrario: los romances nacieron a partir de fragmentos de los cantares de gesta, que al ser mucho más extensos terminaron por cansar al pueblo. Esta teoría, conocida como **tradicionalista** y apoyada por Ramón Menéndez Pidal[5], defiende la autoría colectiva de los poemas.

---

[4] J. L. Alborg, *Historia de la literatura española*, Madrid, Gredos, 1979, p. 399.

[5] R. Menéndez Pidal, *Romancero hispánico, teoría e historia*, Madrid, Espasa-Calpe, 1953, p.19.

Una tercera propuesta, apoyada por el crítico alemán Vossler, y que recibe el nombre de **individualista**, considera que los romances fueron compuestos por autores anónimos y concretos, a los que debemos los poemas rescatados por recopiladores posteriores.

4. Temas y clasificación

Dividiremos este apartado en dos aspectos: en primer lugar, el referido a la temática, y en segundo lugar, el cronológico a partir de la clasificación que hace de los romances J. L. Alborg por ser el autor que más claridad ofrece a la hora de sistematizarlos.

CLASIFICACIÓN TEMÁTICA

Amorosos: trataban temas sentimentales y caballerescos: *Romance del prisionero* y el *Romance de rosa fresca.*

Noticieros de asuntos varios: servían para dar a conocer diversos episodios históricos, que en ocasiones habían sucedido muchos años atrás. Entre otros, pertenecen a este grupo el *Romance del rey don Pedro* y el *Romance de don Álvaro de Luna.*

Fronterizos: tratan de la convivencia entre musulmanes y cristianos, y de las gestas militares durante la Reconquista. Algunos ejemplos son el *Romance del cerco de Baeza* y el *Romance de Abenámar.*

Épicos-nacionales: cuentan episodios de personajes históricos que formaban ya parte de la memoria popular a través de los cantares de gesta y de las leyendas. A este grupo pertenecen entre otros: el *Romance del rey don Rodrigo* y las diferentes versiones del *Romance de los siete infantes de Lara.*

Épicos-extranjeros: se nutren de la misma materia histórico-legendaria que los anteriores, pero en este caso los protagonistas suelen ser franceses. Cabe citar el *Romance de doña Alda* y el *Romance de Durandarte.*

De tema griego y romano: menos numerosos, retoman el pasado legendario de Grecia y Roma. Pertenece a este grupo el *Romance del rey Menelao.*

De tema bíblico y religioso: de la misma manera, y dado el carácter profano del *Romancero,* su número es reducido; es un buen ejemplo el *Romance de la llaga santa.*

CLASIFICACIÓN CRONOLÓGICA

Es clásica la distinción que hace Alborg entre:

• **Romances viejos** (compuestos durante el siglo XV y el primer cuarto del siglo XVI), que a su vez se subdividen en romances tradicionales o históricos, y romances juglarescos.

—Los romances **tradicionales** o **históricos** se inspiran en las gestas medievales y se agrupan por ciclos: ciclo del rey don Rodrigo, de Bernardo del Carpio, de Fernán González, de los infantes de Lara o el ciclo dedicado al Cid.

—Los romances **juglarescos** son de muy diverso origen y destacan los inspirados en la figura del rey don Pedro el Cruel; les siguen los fronterizos, sobre los últimos momentos de la Reconquista, los carolingios, derivados de las gestas francesas, los del ciclo bretón, los novelescos, básicamente sentimentales, los históricos de tema no castellano y, por último, los líricos, semejantes a los novelescos en invención[6].

• **Romances artísticos**, compuestos a partir del primer cuarto del siglo XVI.

5. Características formales

En cuanto a la **métrica**, el romance, procedente de las gestas (largas tiradas monorrimas de versos irregulares, aunque preferentemente de dieciséis sílabas divididos en dos hemistiquios de ocho), es una serie variable de versos octosílabos que presenta rima asonante en los pares y deja suelto los impares como resultado de la segmentación o nuevo "orden" sucesivo de los versos de arte mayor en los poemas épicos.

Es frecuente la presencia de una única **rima**, la misma para toda la composición; aunque también podemos encontrar dos o tres diferentes, que corresponderían a las partes originarias del cantar, fuente del romance. Si el romance está constituido por versos heptasílabos se llama **endecha**, si los versos son hexasílabos recibe el nombre de **romancillo**, y los romances con versos de arte mayor se denominan **romances heroicos**.

Podemos distinguir también, según su estructura, entre: **romance-cuento**, cuando la narración consta de presentación, nudo y desenlace; y **romance-escena**, si ésta comienza *in medias res*, es decir, que no se ofrecen los antecedentes ni, a menudo, el final de los hechos que se narran. Este último tipo es el más usual, y encierra todo un mundo de sugerencias con "sus finales abiertos o truncados"[7].

En cuanto a su extensión, los romances pueden oscilar entre los 16 versos del *Romance del prisionero* hasta los 1350 del *Romance del conde Dirlos*. Los romances épicos son generalmente breves; en cambio, los juglarescos suelen ser más extensos en su intento de referir y describir con todo lujo de detalles las historias que cuentan.

Los romances nuevos y las nuevas versiones de los viejos tienden a las versiones ampliadas y muy pormenorizadas.

CARACTERÍSTICAS PRINCIPALES

• **Mezcla de narración y diálogo.**

• **Sencillez de recursos:** preferencia por la narración frente a la descripción, por lo que escasean los adjetivos; utilización de una técnica impresionista que consiste en describir con pocas palabras un objeto o situación; escasos elementos maravillosos y fantásticos.

• **Dinamismo narrativo:** a través del cual se intenta captar la atención del público (*captatio benevolentiae*); esto se consigue en muchas ocasiones introduciendo al lector sin preámbulos, centrando el romance en un momento determinado de la acción, e interrumpiéndolo antes del desenlace.

---

[6] J. L. Alborg, *Historia de la literatura española*, Madrid, Gredos, 1979, p. 414.

[7] J. M. Aguirre, "Épica oral y épica castellana", RF, 80, 1968, p. 25.

Se valen también de la repetición de fórmulas expresivas (paralelismos, aliteraciones...) y de la mezcla de tiempos verbales.

• Aparición de la "-*e*" final latina o **paragógica** en algunas palabras como "señore" o "cibdade", e incluso en algunos términos que no la tenían en su origen, para convertir la asonancia aguda en llana, más corriente en castellano.

• Los romances poseen una importante **carga emocional** derivada de los mismos sucesos contados, sin moralizar ni adoctrinar[8].

• Encontramos también abundantes **arcaísmos**.

PERVIVENCIA

A diferencia de lo sucedido en otros países como Francia, Inglaterra y Alemania, en España no se olvidó esta importante herencia épica, fecunda y original, que sirvió de inspiración para manifestaciones literarias posteriores, en el teatro áureo o el Romanticismo, hasta cobrar renovada intensidad en nuestros días[9].

Desde el siglo XVI, han sido numerosos los autores cultos que han escrito romances. En el siglo XVII, algunos de nuestros principales poetas: Cervantes o Lope de Vega, quien con sus numerosas versiones dramatizadas casi agotó el tratamiento de la temática del viejo *Romancero*); Góngora y Quevedo lo utilizaron también con gran fortuna y contribuyeron a su difusión y posterior florecimiento. Sin embargo, su uso declinó durante el siglo ilustrado, aunque existen ejemplos en Meléndez Valdés o en Quintan; para reaparecer con fuerza inusitada durante el Romanticismo.

En el siglo XX lo han cultivado, entre otros, poetas de la talla de Antonio Machado (iniciado con *La tierra de Alvargonzález*), Miguel de Unamuno, Gerardo Diego, Federico García Lorca o Rafael Alberti.

Paralela a su pervivencia en el tiempo ha corrido su expansión en el espacio: durante los siglos XV y XVI pasaron a Cataluña y Portugal y a otros lugares de Europa como lo demuestra el hecho significativo de su publicación en Amberes; los judíos expulsados de la península lo llevaron al norte de África y al Mediterráneo oriental; y finalmente nuestros conquistadores lo acercaron hasta América.

8 A. Sánchez Romeralo, "Creación poética. Nuevos métodos de estudio", *El Romancero en la tradición moderna*, Madrid, 1971, p. 217.

9 C. Blanco, J. Rodríguez Puértolas, I. M. Zavala, *Historia social de la literatura española*, tomo I, Madrid, Castalia, 1978, p.146.

EDICIONES DEL *ROMANCERO*

El romancero viejo, (ed. de Mercedes Díaz Roig), Barcelona, Cátedra, 1992.

Romancero Español. Antología, (rec. e introd. de Felipe C. R. Maldonado), Madrid, Taurus, 1984 (reimpr.).

Romances de ciego (ed. de Julio Caro Baroja), Madrid, Taurus, 1980 (2ª ed.).

MENÉNDEZ PIDAL, Ramón: *Flor nueva de romances viejos*, Madrid, Espasa Calpe, 1994 (reimpr.).

BIBLIOGRAFÍA

ÁLVAR, Manuel: *Granada y el romancero*, Granada, Universidad de Granada, 1990.
Manual básico que analiza pormenorizadamente la relación de Granada con el hallazgo, difusión y pervivencia de muchos de los romances que hoy conocemos.

ATERO BURGOS, Virtudes: "Panorama general del romancero panhispánico", *El romancero y la copla. Formas de oralidad entre dos mundos (España-Argentina)*, Cádiz, Universidad de Cádiz, 1994, pp. 11-33.
Estas páginas resultan interesantes para obtener una completa imagen de la difusión y repercusión de "nuestro" Romancero más allá de las fronteras peninsulares.

CATALÁN, Diego: *Por campos del Romancero*, Madrid, Gredos, 1970.
Texto recopilatorio de los romances más conocidos sistematizados por temas; cuenta con comentario y notas de interés.

DEBAX, Michelle: "Lo fantástico en el romancero tradicional", *Draco. Revista de literatura de la Universidad de Cádiz*, 3-4, 1991-1992, pp. 145-165.
Artículo curioso por el tratamiento que reciben algunos de los aspectos más frecuentes del *Romancero* como son la fantasía, la imaginación y su imbricación con la realidad.

GARCÍA de ENTERRÍA, María Cruz: "Romancero ¿Cantado, recitado, leído?", *Edad de Oro*, 7, 1988, pp. 89-104.
Uno de los aspectos más estudiados acerca del *Romancero* es tratado con claridad y de forma sintética por esta autora: la forma de difusión y conocimiento de los romances a través de la historia.

GARCÍA SURRALLES, Carmen: "Definir el romance, un problema del Romancero", *Tavira*, 5, 1988, pp. 5-11.
La autora trata una de las cuestiones más discutidas a lo largo de la investigación literaria del *Romancero*; afirma la continuidad de las diferentes teorías acerca del problema de los límites del romance.

MENÉNDEZ PIDAL, Ramón: *Estudios sobre el romancero*, Madrid, Espasa-Calpe, 1973.

MENÉNDEZ PIDAL, Ramón: *Romancero Hispánico. Teoría e Historia*, Madrid, Espasa-Calpe, 1953.

Manuales indispensables para el estudio en profundidad del *Romancero*: notas, comentarios, aparato bibliográfico, fuentes, conocimientos...

NOVO VILLAVERDE, Yolanda: "Lope de Vega y el Romancero nuevo", *Ínsula*, 404-405, 1980, pp. 27-47.
No podía faltar un estudio sobre la repercusión y huella que el *Romancero* dejó en el Siglo de Oro; en este caso, se trata del estudio de los romances utilizados por Lope de Vega en su teatro.

PIÑERO RAMÍREZ, Pedro: "El Romancero en los poetas del 27", *Cuadernos hispanoamericanos*, 514-515, 1993, pp. 334-338.
Páginas muy útiles para lograr una amplia y específica visión de la continuidad del *Romancero* a lo largo de la historia literaria, con especial énfasis en la Generación del 27.

ROCOULES, H.: "Romancero y entremés", *Segismundo*, 21-22, 1975, pp. 9-48.
Artículo minucioso que describe la relación entre los romances y el entremés áureo, sobre todo algunos cervantinos, y la huella que perdurará en décadas posteriores.

RODRÍGUEZ BALTANAS, Enrique: "El Romancero, ¿Femenino o feminista? (Notas a propósito de la doncella guerrera)", *Draco*, 1, 1989, pp. 51-62.
Novedoso enfoque el de este autor a la hora de "enfrentarse" a otra de las cuestiones más discutidas en la literatura medieval: la presencia del elemento femenino en el *Romancero*.

Romancero para niños, Madrid, Ed. de la Torre, 1986.
Ágil y amena resulta la forma de introducir la literatura romancística al público más joven; a través de comparaciones con canciones populares, sus variantes, etc. Se analizan los romances más conocidos.

ANÓNIMO

*El Romancero**

* Si desea realizar una lectura orientada didácticamente, consulte antes de cada libro el capítulo titulado "Bloc de notas" (p. 129); allí se le ofrecen algunas reflexiones previas a la lectura con el fin de dirigir su atención sobre los asuntos de mayor interés.

I
ROMANCES
DE LA HISTORIA
CLÁSICA

1. ROMANCE DE LA REINA ELENA

—Reina Elena, reina Elena,   Dios prospere tu estado.
Si mandáis alguna cosa,   veisme aquí a vuestro mandado.
—Bien vengades vos, Paris,   Paris el enamorado.
Paris, ¿dónde vais camino,   dónde tenéis vuestro trato?
—Por la mar ando, señora,   hecho un terrible corsario.
Traigo un navío muy rico,   de plata y oro cargado,
llévolo a presentar   a ese buen rey castellano.
Respondiérale la reina,   de esta suerte le ha hablado:
—Tal navío como aquese   razón era de mirarlo.
Respondiérale Paris   muy cortés y mesurado:
—El navío y yo, señora,   somos a vuestro mandado,
—Gran placer tengo, Paris,   como venís bien criado.
—Vayádeslo a ver, señora,   veréis cómo va cargado.
—Pláceme, dijo la reina,   por hacer vuestro mandado.
Con trescientas de sus damas   a la mar se había llegado.
Echó la compuerta Paris   hasta que hubieron entrado;
desque todos fueron dentro   bien oiréis lo que ha mandado:
—¡Alcen áncoras, tiendan velas!   Y a la reina se ha llevado.
Lunes era, caballeros,   lunes fuerte y aciago,
cuando entró por la sala   aquese rey Menelao,
mesándose las sus barbas,   fuertemente sospirando,
sus ojos tornados fuentes,   de la su boca hablando:
—Reina Elena, reina Elena,   ¿quién de mí os ha apartado?
Aquese traidor Paris,   el señor de los troyanos,
con las sus palabras falsas   malamente os ha engañado.
¡Cuán bien se lo consolaba   don Agamenón su hermano!:
—No lloredes vos, el rey,   no hagades tan gran llanto,
que llorar y sollozar   a las mujeres es dado;
a un tal rey como vos,   ¡con el espada en la mano!
Yo os ayudaré, señor,   con treinta mil de caballo;
yo seré capitán de ellos   y los iré ordenando.
Por las tierras donde fuere   iré hiriendo y matando;
la villa que se me diere   haréla yo derribar,

y la que tomare por armas   esa sembraré de sal,
mataré las criaturas   y cuantos en ella están.
Y de esta manera iremos   hasta en Troya allegar.
—Buen consejo es ése, hermano,   y así lo quiero tomar.
Ya se sale el buen rey   por la ciudad a pasear,
con trompetas y añafiles[1]   comienzan a pregonar:
quien quisiere ganar sueldo   de grado se lo darán.
Tanta viene de la gente   que era cosa de espantar.
Arman naos y galeras,   comiénzanse de embarcar.
Agamenón los guiaba,   todos van a su mandar.
Por las tierras donde iban   van haciendo mucho mal.
Andando noches y días   a Troya van allegar.
Los troyanos que lo saben   las puertas mandan cerrar.
Agamenón que esto vido   mandó apercebir su real;
pone en orden su gente   como había de estar.
Los troyanos eran muchos   bien reparan su ciudad.
Otro día de mañana   la comienzan de escalar,
derriban el primer paño[2],   de dentro quieren entrar
si no fuera por don Héctor   que allí se fue a hallar;
con él estaba Troílo   y el esforzado Picar.
Paris esfuerza su gente   que empiezan de desmayar;
las voces eran tan grandes   que al cielo quieren llegar.
Matan tantos de los griegos   que no los saben contar.
Más venían de otra parte   que no hay cuento ni par;
entrádose han por Troya,   ya la empiezan de robar.
Prenden al rey y a la reina   y al esforzado Picar;
matan a Troílo y a Héctor   sin ninguna piedad,
y al gran duque de Troya   ponen en captividad.
Y sacan a la reina Elena,   pónenla en su libertad;
todos le besan las manos   como a reina natural.
Preso llevan a Paris   con mucha riguridad.
Tres pascuas[3] que hay en el año   le sacan a justiciar:
sácanle ambos los ojos,   los ojos de la su faz,
córtanle el pie del estribo,   la mano del gavilán,
treinta quintales de hierro   a sus pies mandan echar
y el agua hasta la cinta   porque pierda el cabalgar.

---

[1] *añafil*: trompeta recta que usaban los moros.
[2] *paño*: lienzo de la muralla.
[3] *pascuas*: fiestas solemnes.

Mandó el rey prender Virgilios y a buen recaudo[4] poner
por una traición que hizo en los palacios del rey,
porque forzó una doncella llamada doña Isabel.
Siete años lo tuvo preso sin que se acordase dél;
y un domingo, estando en misa, mientes[5] se le vino dél.
—Mis caballeros, Virgilios, ¿qué se había hecho dél?
Allí habló un caballero que a Virgilios quiere bien:
—Preso lo tiene tu alteza, y en tus cárceles lo tien.
—¡Vía[6], comer, mis caballeros! ¡Caballeros, vía, comer!
Después que hayamos comido a Virgilios vamos ver.
Allí hablara la reina: —Yo no comeré sin él.
A las cárceles se van, adonde Virgilios es.
—¿Qué hacéis aquí, Virgilios? Virgilios, ¿aquí qué hacéis?
—Señor, peino mis cabellos, y las mis barbas también:
aquí me fueron nacidas, aquí me han de encanecer,
que hoy se cumplen siete años que me mandaste prender.
—Calles, calles tú, Virgilios, que tres faltan para diez.
—Señor, si manda tu alteza, toda mi vida estaré.
—Virgilios, por tu paciencia conmigo irás a comer.
—Rotos tengo mis vestidos, no estoy para parecer.
—Yo te los daré, Virgilios, yo dártelos mandaré.
Plugo a los caballeros y a las doncellas también;
mucho más plugo a una dueña llamada doña Isabel.
Ya llaman un arzobispo, ya la desposan con él.
Tomárala por la mano y llévasela a un vergel.

---

4 *recaudo*: custodia.

5 *mientes, venir a las mientes*: recordar, acordarse.

6 *vía*: ¡Ea!

II
ROMANCES HISTÓRICO-ÉPICOS

1. ROMANCES DE DON RODRIGO Y LA PÉRDIDA DE ESPAÑA

1.1. ROMANCE DE DON RODRIGO EN LA CASA DE HÉRCULES

Don Rodrigo, rey de España, por la su corona honrar,
un torneo en Toledo ha mandado pregonar.
Sesenta mil caballeros en él se han ido a juntar.
Bastecido el gran torneo, queriéndole comenzar,
vino gente de Toledo por el haber de suplicar
que a la antigua casa de Hércules quisiese un candado echar,
como sus antepasados lo solían acostumbrar.
El rey no puso el candado, mas todos los fue a quitar,
pensando que gran tesoro Hércules fuera a dejar.
Entrando dentro en la casa no fuera otro hallar
sino letras que decían: ¡Rey has sido por tu mal!
Que el rey que esta casa abriere a España tiene quemar.
Un cofre de gran riqueza hallaron dentro un pilar,
dentro dél nuevas banderas con figuras de espantar:
alárabes[1] de caballo sin poderse menear,
con espadas a los cuellos, ballestas de bien echar.
Don Rodrigo pavoroso no curó de más mirar.
Vino un águila del cielo, la casa fuera a quemar.
Luego envía mucha gente para África conquistar.
veinte y cinco mil caballeros dio al conde don Julián;
y pasándolos el conde corría fortuna en la mar:
perdió doscientos navíos, cien galeras de remar,
y toda la gente suya sino cuatro mil no más.

1 *alárabes*: árabes.

Amores trata Rodrigo, descubierto ha su cuidado;
a la Cava lo decía de quien era enamorado;
miraba su lindo rostro, miraba su rostro alindado,
sus lindas y blancas manos él se las está loando:
—Querría que me entendieses por la vía que te hablo:
darte hía[2] mi corazón, y estaría al tu mandado.
La Cava, como es discreta, a burlas lo había echado;
el rey hace juramento que de veras se lo ha hablado;
todavía lo disimula y burlando se ha excusado.
El rey va a tener la siesta, y en un retrete[3] se ha entrado;
con un paje de los suyos por la Cava ha enviado.
La Cava, muy descuidada, cumplió luego su mandado.
El rey, luego que la vido, hale de recio apretado,
haciéndole mil ofertas, si ella hacía su rogado.
Ella nunca hacerlo quiso, por cuanto él le ha mandado,
y así el rey lo hizo por fuerza con ella, y contra su grado.
La Cava se fue enojada, y en su cámara se ha entrado.
No sabe si lo decir, o si lo tener callado.
Cada día gime y llora, su hermosura va gastando.
Una doncella, su amiga, mucho en ello había mirado,
y hablóle de esta manera de esta suerte le ha hablado:
—Agora siento, la Cava, mi corazón engañado,
en no me decir lo que sientes de tu tristeza y tu llanto.
La Cava no se lo dice, mas al fin se lo ha otorgado.
Dice cómo el rey Rodrigo la ha por fuerza deshonrado,
y porque más bien lo crea, háselo luego mostrado.
La doncella, que lo vido, tal consejo le ha dado:
—Escríbeselo a tu padre, tu deshonra demostrando.
La Cava lo hizo luego, como se lo ha aconsejado,
y da la carta a un doncel que de la Cava es criado.
Embarcárase en Tarifa, y en Ceuta la hubo llevado,
donde era su padre, el conde, y en sus manos la hubo dado.
Su madre, como lo supo, grande llanto ha comenzado.
El conde la consolaba con que la haría bien vengado
de la deshonra tan grande que el rey les había causado.

---

[2] *hía*: habría.

[3] *retrete*: cuarto pequeño de la casa, destinado para retirarse.

1.3. LA VENGANZA DE DON JULIÁN

En Ceuta está Julián, en Ceuta la bien nombrada;
para las partes de aliende[4] quiere enviar su embajada.
Moro viejo la escribía, y el conde se la notaba;
después de haberla escrito, al moro luego matara.
Embajada es de dolor, dolor para toda España;
las cartas van al rey moro en las cuales le juraba
que si le daba aparejo[5] le dará por suya España.
Madre España, ¡ay de ti!, en el mundo tan nombrada,
de las partidas la mejor, la mejor y más ufana,
donde nace el fino oro y la plata no faltaba,
dotada de hermosura y en proezas extremada;
por un perverso traidor toda eres abrasada,
todas tus ricas ciudades con su gente tan galana
las domeñan[6] hoy los moros por nuestra culpa malvada,
si no fueran las Asturias, por ser la tierra tan brava.
El triste rey don Rodrigo, el que entonces te mandaba,
viendo sus reinos perdidos, sale a la campal batalla,
el cual en grave dolor enseña su fuerza brava;
mas tantos eran los moros, que han vencido la batalla.
No parece el rey Rodrigo, ni nadie sabe do estaba.
¡Maldito de ti, don Orpas, obispo de mala andanza!
en esta negra conseja uno a otro se ayudaba.
¡Oh dolor sobre manera! ¡oh, cosa nunca cuidada!,
que por sola una doncella, la cual Cava se llamaba,
causen estos dos traidores que España sea domeñada,
y perdido el rey señor, sin nunca dél saber nada.

1.4. VISIÓN DEL REY DON RODRIGO

Los vientos eran contrarios, la luna estaba crecida,
los peces daban gemidos por el mal tiempo que hacía,
cuando el buen rey don Rodrigo junto a la Cava dormía,
dentro de una rica tienda de oro bien guarnecida.
Trescientas cuerdas de plata que la tienda sostenían;
dentro había cien doncellas vestidas a maravilla:
las cincuenta están tañendo con muy extraña armonía,
las cincuenta están cantando con muy dulce melodía.
Allí habló una doncella que Fortuna se decía:
—Si duermes, rey don Rodrigo despierta por cortesía,

---

4 *aliende*: allende.

5 *aparejo*: prevención de lo necesario para un fin; aquí, ayuda militar.

6 *domeñar*: someter, rendir.

y verás tus malos hados, tu peor postrimería,
y verás tus gentes muertas, y tu batalla rompida,
y tus villas y ciudades destruidas en un día;
tus castillos fortalezas otro señor los regía.
Si me pides quién lo ha hecho, yo muy bien te lo diría:
ese conde don Julián por amores de su hija,
porque se la deshonraste y más de ella no tenía;
juramento viene echando que te ha de costar la vida.
Despertó muy congojado con aquella voz que oía,
con cara triste y penosa de esta suerte respondía:
—Mercedes a ti, Fortuna, de esta tu mensajería.
Estando en esto ha llegado uno que nueva traía
cómo el conde don Julián las tierras le destruía.

1.5. LA DERROTA DE DON RODRIGO

Las huestes de don Rodrigo desmayaban y huían,
cuando en la octava batalla sus enemigos vencían.
Rodrigo deja sus tiendas y del real se salía;
solo va el desventurado, que no lleva compañía;
el caballo de cansado ya mudar no se podía,
camina por donde quiere, que no le estorba la vía.
El rey va tan desmayado, que sentido no tenía;
muerto va de sed y de hambre, que de velle era mancilla;
iba tan tinto de sangre, que una brasa parecía.
Las armas lleva abolladas, que eran de gran pedrería,
la espada lleva hecha sierra de los golpes que tenía;
el almete[7], de abollado, en la cabeza se le hundía;
la cara lleva hinchada del trabajo que sufría.
Subióse encima de un cerro, el más alto que veía;
desde allí mira su gente cómo iba de vencida;
de allí mira sus banderas y estandartes que tenía,
cómo están todos pisados que la tierra los cubría;
mira por los capitanes, que ninguno parecía;
mira el campo tinto en sangre, la cual arroyos corría.
El triste, de ver aquesto, gran mancilla en sí tenía;
llorando de los sus ojos de esta manera decía:
—Ayer era rey de España, hoy no lo soy de una villa;
ayer villas y castillos, hoy ninguno poseía;
ayer tenía criados y gente que me servía,
hoy no tengo una almena que pueda decir que es mía.
¡Desdichada fue la hora, desdichado fue aquel día
en que nací y heredé la tan grande señoría,

---

[7] *almete*: pieza de la armadura que cubre la cabeza.

pues lo había de perder todo junto y en una día!
¡Oh muerte!, ¿por qué no vienes y llevas esta alma mía
de aqueste cuerpo mezquino, pues se te agradecería?

1.6. LA HUIDA DE DON RODRIGO

Ya se sale de la priesa el rey Rodrigo cansado:
pusiérase hacia una parte por de allí mirar su campo:
ve que su gente se apoca, y cómo va desmayando.
Desque esto vido Rodrigo, no curó de más mirallo,
porque bien ve que los suyos ya no pueden soportallo.
Volvió las riendas apriesa, da de espuelas al caballo;
huyendo va a más andar. Por un tremedal[8] abajo
violo huir Aliastras, un su capitán honrado;
acordó seguir tras él, mas nunca pudo hallarlo.
Desque vio que no le hallà, a Toledo hubo llegado,
donde quedara la corte, y la reina había quedado.
Pesábale por llevar de su rey tan mal recaudo;
en entrando por la puerta comenzó a decir llorando:
—Ya, señora, no sois reina, ya no tenéis ningún mando,
porque en ocho batallas, perdistes todo el estado.
Perdistes al rey Rodrigo, el vuestro marido honrado,
porque le vi ir huyendo, muy malamente llagado,
y que la hora de agora será muerto o cautivado.
La reina, sin oír más, cayó tendida en su estrado;
después de grandes cuatro horas en su sentido ha tornado:
manda a Aliastras que cuente todo como había pasado.
Aliastras se lo cuenta, que nada no había dejado.
La reina con gran congoja dijo: —Ya lo he yo tragado,
porque la noche pasada un mal sueño había soñado,
y es que veía el rey Rodrigo con el gesto muy airado,
los ojos vueltos en sangre, que iba muy apresurado
para ir a vengar la muerte del desdichado don Sancho,
y que volvía sangriento, y su cuerpo mal llagado,
y que se llegaba a mí y me tiraba del brazo,
y decía estas palabras muy fuertemente llorando:
—Quédate, adiós, reina triste, quédate, adiós, que me parto:
los moros me han ya vencido, los moros me han sojuzgado.
No cures llorar mi muerte, no cures llorar tu estado,
procúrate de esconder allá en lo más apartado,
vete luego a las montañas de aquel reino Asturiano,
porque no hay otro remedio si quieres quedar en salvo,
porque España y lo demás todo está ya sujetado.

[8] *tremedal*: terreno pantanoso, cubierto de hierba, y que retiembla cuando se pasa sobre él dada su escasa consistencia.

Después que el rey don Rodrigo a España perdido había,
íbase desesperado por donde más le placía;
métese por las montañas, las más espesas que vía[9],
porque no le hallen los moros que en su seguimiento iban.
Topado ha con un pastor que su ganado traía,
díjole: —Dime, buen hombre, lo que preguntarte quería:
si hay por aquí poblado o alguna casería
donde pueda descansar, que gran fatiga traía.
El pastor respondió luego que en balde la buscaría,
porque en todo aquel desierto sola una ermita había,
donde estaba un ermitaño que hacía muy santa vida.
El rey fue alegre de esto por allí acabar su vida;
pidió al hombre que le diese de comer, si algo tenía.
El pastor sacó un zurrón, que siempre en él pan traía;
diole de él y de un tasajo[10] que acaso allí echado había;
el pan era muy moreno, al rey muy mal le sabía,
las lágrimas se le salen, detener no las podía,
acordándose en su tiempo los manjares que comía.
Después que hubo descansado por la ermita le pedía;
el pastor le enseñó luego[11] por donde no erraría;
el rey le dio una cadena y un anillo que traía,
joyas son de gran valor, que el rey en mucho tenía.
Comenzando a caminar, ya cerca el sol se ponía,
llegado es a la ermita que el pastor dicho le había.
Él, dando gracias a Dios, luego a rezar se metía;
después que hubo rezado para el ermitaño se iba,
hombre es de autoridad que bien se le parecía.
Preguntóle el ermitaño cómo allí fue su venida;
el rey, los ojos llorosos, aquesto le respondía:
—El desdichado Rodrigo yo soy, que rey ser solía;
véngome a hacer penitencia contigo en tu compañía;
no recibas pesadumbre, por Dios y Santa María.
El ermitaño se espanta, por consolarlo decía:
—Vos cierto habéis elegido camino cual convenía
para vuestra salvación, que Dios os perdonaría.
El ermitaño ruega a Dios por si le revelaría
la penitencia que diese al rey, que le convenía.
Fuele luego revelado de parte de Dios un día
que le meta en una tumba con una culebra viva
y esto tome en penitencia por el mal que hecho había.

9 *vía*: había.

10 *tasajo*: pedazo de carne seco y salado.

11 *luego*: al momento, en seguida.

El ermitaño al rey   muy alegre se volvía,
contóselo todo al rey   como pasado le había.
El rey, de esto muy gozoso,   luego en obra lo ponía:
métese como Dios manda   para allí acabar su vida.
El ermitaño muy santo   mírale al tercero día,
dice: —¿Cómo os va, buen rey?   ¿Vais bien con la compañía?
—Hasta ora[12] no me ha tocado,   porque Dios no lo querría;
ruega por mí, el ermitaño,   porque acabe bien mi vida.
El ermitaño lloraba,   gran compasión le tenía,
comenzóle a consolar   y esforzar cuanto podía.
Después vuelve el ermitaño   a ver si ya muerto había;
halló que estaba rezando   y que gemía y plañía;
preguntóle cómo estaba.   —Dios es la ayuda mía,
respondió el buen rey Rodrigo,   la culebra me comía;
cómeme ya por la parte   que todo lo merecía,
por donde fue el principio   de la mi muy gran desdicha.
El ermitaño lo esforzaba,   el buen rey allí moría.
Aquí acabó el rey Rodrigo,   al cielo derecho se iba.

---

[12] *ora*: ahora.

2. ROMANCES DE BERNARDO DEL CARPIO

2.1. NACIMIENTO DE BERNARDO

En los reinos de León el casto Alfonso reinaba;
hermosa hermana tenía, doña Jimena se llama;
enamórase de ella ese conde de Saldaña,
mas no vivía engañado, porque la infanta lo amaba.
Muchas veces fueron juntos, que nadie lo sospechaba;
de las veces que se vieron la infanta quedó preñada.
La infanta parió a Bernardo, y luego monja se entraba.
Mandó el rey prender al conde y ponerle muy gran guarda.

2.2. POR LAS RIBERAS DE ARLANZA

Por las riberas de Arlanza Bernardo el Carpio cabalga,
en un caballo morcillo[13] enjaezado de grana,
gruesa lanza en la su mano, armado de todas armas.
Toda la gente de Burgos le mira como espantada,
porque no se suele armar sino a cosa señalada.
También lo miraba el rey, que fuera vuela una garza,
diciendo estaba a los suyos: —Ésta es una buena lanza;
si no es Bernardo del Carpio, será Muza el de Granada.
Ellos estando en aquesto, Bernardo que allí llegaba,
ya sosegado el caballo, no quiso dejar la lanza;
mas puesta encima del hombro al rey de esta suerte hablaba:
—Bastardo me llaman, rey, siendo hijo de tu hermana,
y del noble Sancho Díaz, ese conde de Saldaña,
dicen que ha sido traidor, y mala mujer tu hermana.

[13] *morcillo*: negro con visos rojizos.

Tú y los tuyos lo habéis dicho, que otro ninguno no osara;
mas quienquiera que lo ha dicho, miente por medio la barba,
mi padre no fue traidor, ni mi madre mujer mala,
porque cuando fui engendrado, ya mi madre era casada.
Pusiste a mi padre en hierros y a mi madre en orden santa,
y porque no herede yo, quieres dar tu reino a Francia.
Morirán los castellanos antes de ver tal jornada:
montañeses, y leoneses, y esa gente asturiana,
y ese rey de Zaragoza me prestará su compaña
para salir contra Francia y darle cruda batalla;
y si buena me saliere, será el bien de toda España;
si mala, por la república moriré yo en tal demanda.
Mi padre mando que sueltes, pues me diste la palabra;
si no, en campo, como quiera, te será bien demandada.

2.3. ENTREVISTA DE BERNARDO CON EL REY

Con cartas y mensajeros el rey al Carpio envió;
Bernardo, como es discreto, de traición se receló;
las cartas echó en el suelo y al mensajero habló:
—Mensajero eres, amigo, no mereces culpa, no;
mas al rey que acá te envía dígasle tú esta razón:
que no lo estimo yo a él, ni aun a cuantos con él son;
mas, por ver lo que me quiere, todavía allá iré yo.
Y mandó juntar los suyos, de esta suerte les habló:
—Cuatrocientos sois, los míos, los que comedes mi pan:
los ciento irán al Carpio, para el Carpio guardar;
los ciento por los caminos, que a nadie dejen pasar;
doscientos iréis conmigo para con el rey hablar;
si mala me la dijere, peor se la he de tornar.
Por sus jornadas contadas a la corte fue a llegar:
—Manténgavos Dios, buen rey, y a cuantos con vos están.
—Mal vengades vos, Bernardo, traidor, hijo de mal padre,
dite yo el Carpio en tenencia, tú tómaslo en heredad.
—Mentides, el rey, mentides, que no dices la verdad;
que si yo fuese traidor, a vos os cabría en parte;
acordársevos debía de aquella del Encinal,
cuando gentes extranjeras allí os trataron tan mal,
que os mataron el caballo, y aun a vos querían matar;
Bernardo, como traidor, de entre ellos os fue a sacar.
Allí me disteis el Carpio de juro y de heredad[14],
prometístesme a mi padre, no me guardaste verdad.

[14] *de juro y de heredad*: definitivamente; para él y sus descendientes.

—Prendedlo, mis caballeros, que igualado[15] se me ha.
—Aquí, aquí, los mis doscientos, los que comedes mi pan,
que hoy era venido el día que honra habemos de ganar.
El rey, de que aquesto viera, de esta suerte fue a hablar:
—¿Qué ha sido aquesto, Bernardo, que así enojado te has?
¿Lo que hombre dice de burla de veras vas a tomar?
Yo te do el Carpio, Bernardo, de juro y de heredad.
—Aquesas burlas, el rey, no son burlas de burlar;
llamástesme de traidor, traidor, hijo de mal padre;
el Carpio yo no lo quiero, bien lo podéis vos guardar,
que cuando yo lo quisiere, muy bien lo sabré ganar.

[15] *igualado*: aquí, enfrentado.

3. ROMANCES DEL CONDE FERNÁN GONZÁLEZ

3.1. CRIANZA DE FERNÁN GONZÁLEZ

En Castilla no había rey, ni menos emperador,
sino un infante niño, [niño] y de poco valor;
andábanlo por hurtar caballeros de Aragón.
Hurtado le ha un carbonero de los que hacen carbón.
No le muestra a cortar leña, ni menos hacer carbón,
muéstrale a jugar las cañas y muéstrale justador[16],
también a jugar los dados y las tablas muy mejor.
—Vámonos, dice, mi ayo, a mis tierras de Aragón;
a mí me alzarán por rey y a vos por gobernador.

3.2. ROMANCE DEL REY SANCHO ORDÓÑEZ

Castellanos y leoneses tienen grandes divisiones.
El conde Fernán González y el buen rey don Sancho Ordóñez,
sobre el partir de las tierras, y el poner de los mojones[17],
llamábanse de hideputas, hijos de padres traidores;
echan mano a las espadas, derriban ricos mantones.
No les pueden poner tregua cuantos en la corte sone,
pónenselas dos hermanos, aquestos benditos monjes;
pónenlas por quince días, que no pueden por más, non,
que se vayan a los prados que dicen de Carrión.
Si mucho madruga el rey, el conde no dormía, no;

[16] *justador*: el que pelea en las justas, o sea, a combatir a caballo y con lanza.
[17] *mojones*: señales que se ponen para fijar los límites de heredades y fronteras.

el conde partió de Burgos,   y el rey partió de León.
Venido se han a juntar   al vado de Carrión,
y a la pasada del río   movieron una quistión:
los del rey, que pasarían,   y los del conde, que non.
El rey, como era risueño,   la su mula revolvió;
el conde, con lozanía,   su caballo arremetió;
con el agua y el arena   al buen rey él salpicó.
Allí hablara el buen rey,   su gesto muy demudado:
—¡Cómo sois soberbio, el conde!,   ¡cómo sois desmesurado!
Si no fuera por las treguas   que los monjes nos han dado,
la cabeza de los hombros   ya vos la hubiera quitado;
con la sangre que os sacara   yo tiñiera aqueste vado.
El conde le respondiera,   como aquel que era osado:
—Eso que decís, buen rey,   véolo mal aliñado;
vos venís en gruesa mula,   yo en ligero caballo;
vos traéis sayo de seda,   yo traigo un arnés tranzado[18];
vos traéis alfanje[19] de oro,   yo traigo lanza en mi mano;
vos traéis cetro de rey,   yo un venablo acerado;
vos con guantes olorosos,   yo con los de acero claro;
vos con la gorra de fiesta,   yo con un casco afinado[20];
vos traéis ciento de mula,   yo trescientos de caballo.
Ellos en aquesto estando,   los frailes que han allegado:
—¡Tate, tate[21], caballeros!   ¡Tate, tate, hijosdalgo!
¡Cuán mal cumplisteis las treguas   que nos habíades mandado!
Allí hablara el buen rey: —Yo las cumpliré de grado.
Pero respondiera el conde: —Yo de pies puesto en el campo[22].
Cuando vido aquesto el rey,   no quiso pasar el vado.
Vuélvese para sus tierras,   malamente va enojado,
grandes bascas[23] va haciendo,   reciamente va jurando,
que había de matar al conde   y destruir su condado.
Y mandó llamar a cortes,   por los grandes ha enviado;
todos ellos son venidos,   sólo el conde ha faltado.
Mensajero se le hace   a que cumpla su mandado:
el mensajero que fue   de esta suerte le ha hablado[24].

---

[18] *arnés tranzado*: armadura cuyas piezas llevan junturas, para facilitar todos los movimientos del cuerpo.

[19] *alfanje*: sable corto y corvo, con hilo sólo en un lado y por los dos en la punta.

[20] *afinado*: de metal puro.

[21] *tate*: ¡alto!

[22] *campo*: se refiere al campo de batalla.

[23] *bascas*: gestos coléricos.

[24] sigue el texto: "Buen conde Fernán González…"

3.3. ROMANCE DEL CONDE FERNÁN GONZÁLEZ

—Buen conde Fernán González, el rey envía por vos,
que vayades a las cortes que se hacen en León;
que si vos allá vais, conde, daros han buen galardón:
daros han a Palenzuela y a Palencia la mayor;
daros han las nueve villas, con ellas a Carrión;
daros han a Torquemada, la torre de Mormojón.
Buen conde, si allá no ides, daros hían por traidor.
Allí respondiera el conde y dijera esta razón:
—Mensajero eres, amigo, no mereces culpa, no;
que yo no he miedo al rey, ni a cuantos con él son.
Villas y castillos tengo, todos a mi mandar son:
de ellos me dejó mi padre, de ellos me ganara yo;
los que me dejó mi padre, poblélos de ricos hombres,
las que yo me hube ganado poblélas de labradores;
quien no tenía más de un buey, dábale otro, que eran dos;
al que casaba su hija doile yo muy rico don;
cada día que amanece, por mí hacen oración;
no la hacían por el rey, que no la merece, no;
él les puso muchos pechos[25], y quitáraselos yo.

[25] *pechos*: tributos.

4. ROMANCES DE LOS SIETE INFANTES DE LARA

4.1. ROMANCE DE DOÑA LAMBRA

A Calatrava la vieja   la combaten castellanos;
por cima de Guadiana   derribaron tres pedazos;
por los dos salen los moros,   por el uno entran cristianos.
Allá dentro de la plaza   fueron a armar un tablado,
que aquel que lo derribare   ganará de oro un escaño.
Este don Rodrigo de Lara,   que ése lo había ganado,
el conde GarciHernández sobrino   y de doña Sancha es hermano,
el conde GarciHernández   se lo llevó presentado,
que le trate casamiento   con aquesta doña Lambra.
Ya se trata casamiento,   ¡hecho fue en hora menguada!,
doña Lambra de Burueva   con don Rodrigo de Lara.
Las bodas fueron en Burgos,   las tornabodas en Salas:
en bodas y en tornabodas   pasaron siete semanas.
Tantas vienen de las gentes,   que no caben por las plazas,
y aún faltaban por venir   los siete infantes de Lara.
Helos, helos por do vienen,   con toda la su compaña:
saliólos a recebir   la su madre doña Sancha:
—Bien vengades, los mis hijos,   buena sea vuestra llegada:
allá iredes a posar   a esa cal de Cantarranas;
hallaréis las mesas puestas,   viandas aparejadas.
Desque hayáis comido, hijos,   no salgades a las plazas,
porque las gentes son muchas,   y trábanse muchas barajas[26].
Desque todos han comido   van a bohordar[27] a la plaza:
no salen los siete infantes,   que su madre se lo mandara;
mas desque hubieron comido   siéntanse a jugar las tablas.

[26] *barajas*: pendencias, riñas.

[27] *bohordar*: arrojar bohordos en los juegos caballerescos; *bohordo*: lanza corta o arrojadiza.

Tiran unos, tiran otros, ninguno bien bohordaba.
Allí salió un caballero de los de Córdoba la llana,
bohordó hacia el tablado y una vara bien tirara.
Allí hablara a la novia, de esta manera hablara:
—Amad, señoras, amad cada una en su lugar,
que más vale un caballero de los de Córdoba la llana,
que no veinte ni treinta de los de la casa de Lara.
Oídolo había doña Sancha, de esta manera hablara:
—No digáis eso, señora, no digades tal palabra,
porque aún hoy os desposaron con don Rodrigo de Lara.
—Más calláis vos, doña Sancha, que no debéis ser escuchada,
que siete hijos paristes como puerca encenegada.
Oídolo había el ayo que a los infantes criaba:
de allí se había salido triste se fue a su posada:
halló que estaban jugando los infantes a las tablas,
si no era el menor de ellos, Gonzalo González se llama;
recostado lo halló de pechos en una baranda.
—¿Cómo venís triste, ayo? Decid ¿quién os enojara?
Tanto le rogó Gonzalo que el ayo se lo contara:
—Mas mucho os ruego, mi hijo, que no salgáis a la plaza.
No lo quiso hacer Gonzalo; mas antes tomó una lanza,
caballero en un caballo vase derecho a la plaza:
vido estar el tablado que nadie lo derribara.
Enderezóse en la silla, con él en el suelo daba;
desque lo hubo derribado, de esta manera hablara:
—Amade, putas, amad, cada una en su lugar,
que más vale un caballero de los de la casa de Lara,
que cuarenta ni cincuenta de los de Córdoba la llana.
Doña Lambra, que esto oyera, bajóse muy enojada;
sin aguardar a los suyos fuese para su posada,
halló en ella a don Rodrigo, de esta manera la habla:
—Yo me estaba en Barbadillo, en esa mi heredad;
mal me quieren en Castilla los que me habían de aguardar.
Los hijos de doña Sancha mal amenazado me han
que me cortarían las faldas[28] por vergonzoso lugar,
y cebarían sus halcones dentro de mi palomar,
y me forzarían mis damas casadas y por casar;
matáronme un cocinero so faldas del mi brial[29].
Si de esto no me vengáis, yo mora me iré a tornar.
Allí habló don Rodrigo, bien oiréis lo que dirá:
—Callades, la mi señora, vos no digades atal;
de los infantes de Salas yo vos pienso de vengar.

[28] *faldas*: esa era la costumbre, cortar las faldas, con las prostitutas.

[29] *brial*: vestido de seda o de otro tejido rico.

Telilla[30] les tengo urdida,   bien gela cuido tramar,
que nacidos y por nacer,   de ello tengan que contar.

4.2. MUERTE DE LOS INFANTES DE LARA

Saliendo de Canicosa   por el val del Arabiana,
donde don Rodrigo espera   los hijos de la su hermana,
por campo de Palomares   vio venir muy gran compaña,
muchas armas reluciendo,   mucha adarga[31] bien labrada,
mucho caballo ligero,   mucha lanza relumbraba,
mucho estandarte y bandera   por los aires revolaba.
La seña que viene en ellas   es media luna cortada;
Alá traen por apellido,   a Mahoma a voces llaman;
tan altos daban los gritos,   grande mal significaban:
—¡Mueran mueran, van diciendo,   los siete infantes de Lara!
¡Venguemos a don Rodrigo,   pues que tiene de ellos saña!
Allí está Nuño Salido,   el ayo que los criara;
como vee la gran morisma,   de esta manera les habla:
—¡Oh los mis amados hijos!,   ¡quién vivo no se hallara
por no ver tan gran dolor   como agora se esperaba!
Si no os hubiera criado,   no sintiera tanta rabia;
mas quiéroos tanto, mis hijos,   que se me arrancaba el alma.
¡Ciertamente nuestra muerte   está bien aparejada!
No podemos escapar   de tanta gente pagana.
Vendamos bien nuestros cuerpos,   y miremos por las almas;
peleemos como buenos,   las muertes quedan vengadas;
ya que lleven nuestras vidas,   que las dejen bien pagadas.
No nos pese de la muerte,   pues va tan bien empleada,
pues morimos todos juntos   como buenos, en batalla.
Como los moros se acercan,   a cada uno por sí abraza;
cuando llega Gonzalvico,   en la cara le besaba:
—¡Hijo Gonzalo González,   de lo que más me pesaba
es de lo que sentirá   vuestra madre doña Sancha;
érades su claro espejo,   más que a todos os amaba!
En esto los moros llegan,   traban con ellos batalla,
los infantes los reciben   con sus adargas y lanzas:
—¡Santiago, Santiago!,   a grandes voces llamaban.
matan infinitos moros,   mas todos ellos allí quedaran.

---

[30] *telilla*: en sentido figurado, engaño; aquí, trampa, celada.

[31] *adarga*: escudo ovalado de cuero.

4.3. ALMANZOR PRESENTA A GUSTOS LAS CABEZAS DE SUS HIJOS

Pártese el moro Alicante   víspera de Sant Cebrián;
ocho cabezas llevaba,   todas de hombres de alta sangre.
Sábelo el rey Almanzor,   a recibírselo sale;
aunque perdió muchos moros,   piensa en esto bien ganar.
Manda hacer un tablado   para mejor las mirar,
mandó traer un cristiano   que estaba en captividad.
Como ante sí lo trujeron   empezóle de hablar,
díjole: —Gonzalo Gustos,   mira quién conocerás;
que lidiaron mis poderes   en el campo de Almenar:
sacaron ocho cabezas,   todas son de gran linaje.
Respondió Gonzalo Gustos: —Presto os diré la verdad.
Y limpiándoles la sangre,   asaz[32] se fuera a turbar;
dijo llorando agramente: —¡Conóscolas por mi mal!;
la una es de mi carillo[33],   ¡las otras me duelen más!
de los infantes de Lara   son, mis hijos naturales.
Así razona con ellos,   como si vivos hablasen:
—¡Dios os salve, el mi compadre,   el mi amigo leal!
¿Adónde son los mis hijos   que yo os quise encomendar?
Muerto sois como buen hombre,   como hombre de fiar.
Tomara otra cabeza   del hijo mayor de edad:
—Sálveos Dios, Diego González,   hombre de muy gran bondad,
del conde Fernán González   alférez el principal:
a vos amaba yo mucho,   que me habíades de heredar.
Alimpiándola con lágrimas   volviérala a su lugar,
y toma la del segundo,   Martín Gómez que llamaban:
—Dios os perdone, el mi hijo,   hijo que mucho preciaba;
jugador era de tablas   el mejor de toda España,
mesurado caballero,   muy buen hablador en plaza.
Y dejándola llorando,   la del tercero tomaba:
—Hijo Suero Gustos,   todo el mundo os estimaba;
el rey os tuviera en mucho,   sólo para la su caza:
gran caballero esforzado,   muy buen bracero a ventaja.
¡Ruy Gómez vuestro tío   estas bodas ordenara!
Y tomando la del cuarto,   lasamente la miraba:
—¡Oh hijo Fernán González,   (nombre del mejor de España,
del buen conde de Castilla,   aquel que vos baptizara)
matador de puerco espín,   amigo de gran compaña!,
nunca con gente de poco   os vieran en alianza.
Tomó la de Ruy Gómez,   de corazón la abrazaba:
—¡Hijo mío, hijo mío!,   ¿quién como vos se hallara?

[32] *asaz*: bastante, mucho.

[33] *carillo*: aquí, amigo querido, compañero.

Nunca le oyeron mentira,   nunca por oro ni plata;
animoso, buen guerrero,   muy gran feridor de espada,
que a quien dábades de lleno   tullido o muerto quedaba.
Tomando la del menor,   el dolor se le doblara:
—¡Hijo Gonzalo González!   ¡Los ojos de doña Sancha!
¿Qué nuevas irán a ella   que a vos más que a todos ama?
Tan apuesto de persona,   decidor bueno entra damas,
repartidor en su haber,   aventajado en la lanza.
¡Mejor fuera la mi muerte   que ver tan triste jornada!
Al duelo que el viejo hace,   toda Córdoba lloraba.
El rey Almanzor cuidadoso   consigo se lo llevaba,
y mandó a una morica   lo sirviese muy de gana.
Ésta le torna en prisiones,   y con hambre le curaba.
Hermana era del rey,   doncella moza y lozana;
con ésta Gonzalo Gustos   vino a perder su saña,
que de ella le nació un hijo   que a los hermanos vengara.

4.4. LA VENGANZA DE MUDARRA

A cazar va don Rodrigo,   y aun[34] don Rodrigo de Lara;
con la grande siesta[35] que hace   arrimádose ha a una haya,
maldiciendo a Mudarrillo,   hijo de la renegada,
que si a las manos le hubiese,   que le sacaría el alma.
El señor estando en esto,   Mudarrillo que asomaba:
—Dios te salve, caballero,   debajo la verde haya.
—Así haga a ti, escudero,   buena sea tu llegada.
—Dígasme tú, el caballero,   ¿cómo era la tu gracia[36]?
—A mí dicen don Rodrigo,   y aun don Rodrigo de Lara,
cuñado de Gonzalo Gustos,   hermano de doña Sancha;
por sobrinos me los hube   los siete infantes de Salas.
Espero aquí a Mudarrillo,   hijo de la renegada;
si delante lo tuviese,   yo le sacaría el alma.
—Si a ti dicen don Rodrigo,   y aun don Rodrigo de Lara,
a mí Mudarra González,   hijo de la renegada;
de Gonzalo Gustos hijo,   y alnado[37] de doña Sancha;
por hermanos me los hube   los siete infantes de Salas.
Tú los vendiste, traidor,   en el val del Arabiana;
mas si Dios a mí me ayuda,   aquí dejarás el alma.
—Espéresme, don Gonzalo,   iré a tomar las mis armas.
—El espera que tú diste   a los infantes de Lara.
Aquí morirás, traidor,   enemigo de doña Sancha.

---

[34] *y aun*: fórmula antigua para introducir una repetición.
[35] *siesta*: el gran calor.
[36] *gracia*: tu nombre.
[37] *alnado*: hijastro.

5. ROMANCES DEL CID

5.1. DIEGO LAÍNEZ PRUEBA AL MÁS VALIENTE DE SUS HIJOS

Ese buen Diego Laínez después que hubo yantado,
hablando está sobre mesa con su hijos todos cuatro.
Los tres son de su mujer, pero el otro era bastardo,
y aquel que bastardo era, era el buen Cid castellano.
Las palabras que les dice son de hombre lastimado:
—Hijos, mirad por la honra, que yo vivo deshonrado;
que porque quité una liebre a unos galgos que cazando
hallé del conde famoso, llamado conde Lozano,
palabras sucias y viles me ha dicho y ultrajado.
¡A vosotros toca, hijos, no a mí que soy anciano!
Estas palabras diciendo, al mayor había tomado:
queriendo hablarle en secreto metióle en un apartado;
tomóle el dedo en la boca, fuertemente le ha apretado:
con el gran dolor que siente, un grito terrible ha echado.
El padre le echara fuera, que nada le hubo hablado.
A los dos metiera juntos, que de los tres han quedado,
la misma prueba les hizo, el mismo grito habían dado.
Al Cid metiera el postrero, que era el menor y bastardo.
Tomóle el dedo en la boca, muy recio se lo ha apretado:
con el gran dolor que siente un bofetón le ha amagado.
—Aflojad, padre, le dijo, si no, seré mal criado.
El padre que aquesto vido, grandes abrazos le ha dado.
—Ven acá tú, hijo mío, ven acá tú, hijo amado,
a ti encomiendo mis armas, mis armas, y aqueste cargo:
que tú mates ese conde si quieres vivir honrado.
El Cid calló y escuchólo, respuesta no le ha tornado.
A cabo de pocos días el Cid al conde ha topado;
hablóle de esta manera como varón esforzado:

—Nunca lo pensara, el conde,   fuérades tan mal criado,
que porque quitó una liebre   mi padre a un vuestro galgo,
de palabra ni de obras   fuese de vos denostado.
¿Cómo queredes que sea   que tiene que ser vengado?
El conde tomólo a burlas;   el Cid presto se ha enojado;
apechugó con el conde,   de puñaladas le ha dado.

5.2. ROMANCE DE DOÑA JIMENA GÓMEZ

Grande rumor se levanta   de gritos, armas y voces
en el palacio de Burgos,   donde son los ricoshombres.
Bajó el rey de su aposento   y con él toda la corte,
y a las puertas del palacio   hallan a Jimena Gómez,
desmelenado el cabello,   llorando a su padre el conde;
y a Rodrigo de Vivar   ensangrentado el estoque.
Vieron al soberbio mozo   el rostro airado que pone,
de doña Jimena oyendo   lo que dicen sus clamores:
—¡Justicia, buen rey, te pido   y venganza de traidores,
así se logren tus hijos   y de tus hazañas goces,
que aquel que no la mantiene   de rey no merece el nombre!
Y tú, matador cruel,   no por mujer me perdones:
la muerte, traidor, te pido,   no me la niegues ni estorbes,
pues mataste un caballero,   el mejor de los mejores.
En esto, viendo Jimena   que Rodrigo no responde,
y que tomando las riendas   en su caballo se pone,
el rostro volviendo a todos,   por obligalles da voces,
y viendo que no le siguen   grita: —¡Venganza, señores!

5.3. DOÑA JIMENA PIDE JUSTICIA AL REY

En Burgos está el buen rey   asentado a su yantar,
cuando la Jimena Gómez   se le vino a querellar;
cubierta paños de luto,   tocas de negro cendal;
las rodillas por el suelo,   comenzara de fablar:
—Con mancilla vivo, rey;   con ella vive mi madre;
cada día que amanece   veo quien mató a mi padre
caballero en un caballo   y en su mano un gavilán;
por hacerme más enojo,   cébalo en mi palomar;
con sangre de mis palomas   ensangrentó mi brial.
¡Hacedme, buen rey, justicia,   no me la queráis negar!
Rey que non face justicia   non debía reinar,
ni comer pan a manteles,   ni con la reina folgar.

El rey cuando aquesto oyera comenzará de pensar:
—Si yo prendo o mato al Cid, mis cortes revolverse han;
pues, si lo dejo de hacer, Dios me lo demandará.
Allí habló doña Jimena palabras bien de notar:
—Yo te lo diría, rey, cómo lo has de remediar.
Mantén tú bien las tus cortes, no te las revuelva nadie,
y al que mi padre mató dámelo para casar,
que quien tanto mal me hizo sé que algún bien me fará.
—Siempre lo he oído decir, y ahora veo que es verdad,
que el seso de las mujeres no era cosa natural:
hasta aquí pidió justicia, ya quiere con él casar.
Mandaré una carta al Cid, mandarle quiero llamar.
Las palabras no son dichas, la carta camino va;
mensajero que la lleva dado la había a su padre.
—Malas mañas habéis, conde, no vos las puedo quitar,
que cartas que el rey vos manda, no me las queréis mostrar.
—No era nada, mi hijo, sino que vades allá;
quedavos aquí, mi hijo, yo iré en vuestro lugar.
—Nunca Dios a tal quisiese, ni Santa María lo mande,
sino que adonde vos fueredes que vaya yo delante.

5.4. ROMANCE DE CID RUY DÍAZ

Cabalga Diego Laínez al buen rey besar la mano;
consigo se los llevaba los trescientos hijosdalgo;
entre ellos iba Rodrigo el soberbio castellano.
Todos cabalgan a mula, sólo Rodrigo a caballo;
todos visten oro y seda, Rodrigo va bien armado;
todos espadas ceñidas, Rodrigo estoque dorado;
todos con sendas varicas, Rodrigo lanza en la mano;
todos guantes olorosos, Rodrigo guante mallado;
todos sombreros muy ricos, Rodrigo casco afilado,
y encima del casco lleva un bonete colorado.
Andando por su camino, unos con otros hablando,
allegados son a Burgos, con el rey se han encontrado.
Los que vienen con el rey entre sí van razonando;
unos lo dicen de quedo, otros lo van preguntando:
—Aquí viene, entre esta gente, quien mató al conde Lozano.
Como lo oyera Rodrigo en hito[38] los ha mirado,
con alta y soberbia voz de esta manera ha hablado:
—Si hay alguno entre vosotros, su pariente o adeudado,
que se pese de su muerte, salga luego a demandallo;
yo se lo defenderé, quiera a pie, quiera a caballo.

[38] *en hito*: fijamente.

Todos responden a una: —Demándelo su pecado.
Todos se apearon juntos para el rey besar la mano;
Rodrigo se quedó solo encima de su caballo.
Entonces habló su padre, bien oiréis lo que ha hablado:
—Apeaos vos, mi hijo, besaréis al rey la mano,
porque él es vuestro señor, vos, hijo, sois su vasallo.
Desque Rodrigo esto oyó sintióse más agraviado,
las palabras que responde son de hombre muy enojado:
—Si otro me lo dijera, ya me lo hubiera pagado;
mas por mandarlo vos, padre, yo lo haré de buen grado.
Ya se apeaba Rodrigo para al rey besar la mano;
al hincar de la rodilla, el estoque se ha arrancado.
Espantóse de esto el rey, y dijo como turbado:
—Quítate, Rodrigo, allá, quítateme allá, diablo,
que tienes el gesto[39] de hombre, y los hechos de león bravo.
Como Rodrigo esto oyó, apriesa pide el caballo;
con una voz alterada contra el rey así ha hablado:
—Por besar mano de rey no me tengo por honrado;
porque la besó mi padre me tengo por afrentado.
En diciendo estas palabras salido se ha del palacio;
consigo se los tornaba los trescientos hijosdalgo.
Si bien vinieron vestidos, volvieron mejor armados,
y si vinieron en mulas, todos vuelven en caballos.

5.5. ROMANCE DEL CID RUY DÍAZ Y EL MORO ABDALLA

Por el val de las Estacas el buen Cid pasado había:
a la mano izquierda deja la villa de Constantina.
En su caballo Babieca, muy gruesa lanza traía;
va buscando al moro Abdalla, que enojado le tenía.
Travesando un antepecho, y por una cuesta arriba,
dábale el sol en las armas, ¡oh, cuán bien que parecía!
Vido ir al moro Abdalla por un llano que allí había,
armado de fuertes armas, muy ricas ropas traía.
Dábale voces el Cid; de esta manera decía:
—Espéresme, moro Abdalla, no muestres tú cobardía.
A las voces que el Cid daba, el moro le respondía:
—Muchos tiempos ha, el Cid, que esperaba yo este día,
porque no hay hombre nacido de quien yo me escondería;
porque desde mi niñez siempre huí de cobardía.
—Alabarte, moro Abdalla, poco te aprovecharía;
mas si eres cual tú hablas en esfuerzo y valentía,

[39] *gesto*: rostro.

a tal tiempo eres venido,   que menester te sería.
Estas palabras diciendo,   contra el moro arremetía;
encontróle con la lanza,   en el suelo le derriba;
cortárale la cabeza,   sin le hacer cortesía.

5.6. ROMANCE DEL REY DON SANCHO

Rey don Sancho, rey don Sancho,   cuando en Castilla reinó,
corrió a Castilla la Vieja   de Burgos hasta León;
corrió todas las Asturias   dentro hasta San Salvador;
también corrió a Santillana,   y dentro en Navarra entró
y a pesar del rey de Francia,   los puertos de Aspa pasó.
Siete días con su noches   en el campo le esperó;
desque vio que no venía   a Castilla se volvió.
Luego le vinieron cartas   de ese padre de Aviñón,
que se vaya para Roma,   y le alzarán emperador;
que lleve treinta de mula,   y de caballo que non,
y que no lleve consigo   ese Cid Campeador:
que las cortes están en paz,   no las revolviese, non.
El Cid cuando lo supo   a las cortes se partió
con trescientos de a caballo,   todos hijosdalgo son.
—Mercedes, buen rey, mercedes,   otorgádmelas, señor:
que cuando fuereis a Roma,   que me llevedes con vos,
que por las tierras do fueredes   yo sería el gastador:
hasta salir de Castilla   de mis haberes gastando,
cuando fuéremos por Francia   el campo iremos robando,
por ver si algún francés   saldría a demandallo.
A sus jornadas contadas   a Roma se han llegado;
apeado se ha el buen rey,   al Papa besó la mano;
también sus caballeros,   que se lo habían enseñado;
no lo hizo el buen Cid,   que no lo había acostumbrado.
En la capilla de San Pedro   don Rodrigo se ha entrado,
viera estar siete sillas   de siete reyes cristianos;
viera la del rey de Francia   par de la del Padre Santo
y vio estar la de su rey   un estado más abajo.
Vase a la del rey de Francia,   con el pie la ha derrocado,
y la silla era de oro   hecho se ha cuatro pedazos;
tomara la de su rey   y subióla en lo más alto.
Ende hablara un duque   que dicen el saboyano:
—¡Maldito seas, Rodrigo,   del Papa descomulgado!,
que deshonraste a un rey,   el mejor y más sonado.
Cuando lo oyó el buen Cid   tal respuesta le ha dado:
—Dejemos los reyes, duque: ellos son buenos y honrados;
y hayámoslo los dos   como muy buenos vasallos.

Y allegóse cabe el duque, un gran bofetón le ha dado.
Allí hablara el duque: —¡Demándetelo el diablo!
El Papa, desque lo supo, quiso allí descomulgallo;
don Rodrigo que lo supo, tal respuesta le hubo dado:
—Si no me absolvéis, el Papa, seríaos mal contado,
que de vuestras ricas ropas cubriré yo mi caballo.
El Papa, desque lo oyera, tal respuesta le hubo dado:
—Yo te absuelvo, don Rodrigo, yo te absuelvo de buen grado,
que cuanto hicieres en cortes seas de ello libertado.

5.7. ROMANCE DEL REY DON FERNANDO I

Doliente estaba, doliente, ese buen rey don Fernando.
Los pies tiene cara oriente y la candela en la mano;
a la cabecera tiene los sus fijos todos cuatro.
Los tres eran de la reina, y el uno era bastardo.
Ese que bastardo era quedaba mejor librado;
arzobispo es de Toledo y en las Españas perlado.
—Si yo no muriera, hijo, vos fuerades Padre Santo,
mas con la renta que os queda, bien podréis, hijo, alcanzarlo.

5.8. QUEJAS DE LA INFANTA CONTRA EL CID

¡Afuera, afuera, Rodrigo, el soberbio castellano!
Acordársete debría de aquel tiempo ya pasado
cuando fuiste caballero en el altar de Santiago,
cuando el rey fue tu padrino, tú, Rodrigo, el ahijado:
mi padre te dio las armas, mi madre te dio el caballo,
yo te calcé las espuelas porque fueses más honrado;
que pensé casar contigo, no lo quiso mi pecado.
Casaste con Jimena Gómez, hija del conde Lozano;
con ella hubiste dineros, conmigo hubieras estado;
bien casaste tú, Rodrigo, muy mejor fueras casado:
dejaste hija de rey, por tomar de su vasallo.
—Si os parece, mi señora, bien podemos desligallo.
—Mi ánima penaría si yo fuese en discrepallo[40].
—Afuera, afuera, los míos, los de a pie y los de a caballo,
pues de aquella torre mocha una vira[41] me han tirado.
No traía el asta hierro, el corazón me ha pasado.
Ya ningún remedio siento sino vivir más penado.

---

[40] *discrepallo*: deshacerlo.

[41] *vira*: saeta delgada de punta muy aguda.

6. ROMANCES DE SANCHO II Y DEL CERCO DE ZAMORA

6.1. ROMANCE DEL REY SANCHO II DE CASTILLA

Rey don Sancho, rey don Sancho,   cuando en Castilla reinó
le salían las sus barbas,   ¡y cuán poco las logró!
A pesar de los franceses   los puertos de Aspa pasó;
siete días con sus noches   en campo los aguardó
y viendo que no venían   a Castilla se volvió.
Matara el conde de Niebla,   y el condado le quitó,
y a su hermano don Alonso   en las cárceles lo echó,
y después que lo echara   mandó hacer un pregón:
que el que rogase por él   que le diesen por traidor.
No hay caballero ni dama,   que por él rogase, no,
sino fuera una su hermana   que al rey se lo pidió:
—Rey don Sancho, rey don Sancho,   mi hermano y mi señor,
cuando yo era pequeña   prometístesme un don;
agora que soy crecida,   otorgásmelo, señor.
—Pedidlo vos, mi hermana,   mas con una condición:
que no me pidáis a Burgos,   a Burgos, ni a León,
ni a Valladolid la rica,   ni a Valencia de Aragón;
de todo lo otro, mi hermana,   no se os negará, no.
—Que no os pido yo a Burgos,   a Burgos, ni a León,
ni a Valladolid la rica,   ni a Valencia de Aragón,
mas pídoos a mi hermano,   que lo tenéis en prisión.
—Pláceme, dijo, hermana,   mañana os lo daré yo.
—Vivo lo habéis de dar, vivo,   vivo, que no muerto, no.
—Mal hayas tú, hermana,   y quien tal te aconsejó,
que mañana, de mañana,   muerto te lo diera yo.

6.2. RETO DE LOS CABALLEROS ZAMORANOS

Riberas de Duero arriba cabalgan dos zamoranos;
las armas llevan blancas, caballos rucios rodados[42],
con sus espadas ceñidas y su puñales dorados,
sus adargas a los pechos y sus lanzas en las manos,
ricas capas aguaderas[43], por ir más disimulados,
y por un repecho arriba arremeten los caballos;
que, según dicen las gentes, padre e hijo son entrambos.
Palabras de gran soberbia entre los dos van hablando:
que se matarán con tres, lo mesmo harán con cuatro,
y si cinco les saliesen, que no les huirían el campo,
con tal que no fuesen primos, ni menos fuesen hermanos,
ni de la casa del Cid, ni de sus paniaguados,
ni de las tiendas del rey, ni de sus leales vasallos;
de todos los otros que haya, salgan los más esforzados.
Tres condes lo han oído, todos tres eran cuñados.
—Atendednos[44], caballeros, que nos estamos armando.
Mientras los condes se arman, el padre al hijo ha hablado:
—Tú bien vees, hijo mío, aquellos tablados altos
donde dueñas y doncellas nos están de allí mirando;
si lo haces como bueno, serás de ellas muy honrado;
si lo haces como malo, serás de ellas ultrajado;
más vale morir con honra que no vivir deshonrado,
que el morir es una cosa que a cualquier nacido es dado.
Estas palabras diciendo, los condes han allegado.
A los encuentros primeros el viejo uno ha derrocado;
vuelve la cabeza el viejo, vido al hijo mal tratado,
arremete para allá y otro conde ha derribado;
el otro, desque esto vido, vuelve riendas al caballo;
los dos iban en su alcance; en Zamora lo han cerrado.

6.3. ROMANCE DEL REY DON SANCHO

—¡Guarte[45], guarte, rey don Sancho!, no digas que no te aviso
que de dentro de Zamora un alevoso ha salido:
llámase Vellidos Dolfos, hijo de Dolfos Vellido,
cuatro traiciones ha hecho, y con ésta serán cinco;

---

42 *rodados*: grises con manchas negras.

43 *aguaderas*: capas contra la lluvia.

44 *atendednos*: esperadnos.

45 *guarte*: guárdate.

si gran traidor fue su padre, mayor traidor es el hijo.
Gritos dan en el real: —¡A don Sancho han mal herido;
muerto le ha Vellidos Dolfos, gran traición ha cometido!
Desque le tuviera muerto, metióse por un postigo;
por las calles de Zamora va dando voces y gritos:
—¡Tiempo era, doña Urraca, de cumplir lo prometido!

6.4. RETO DE DIEGO ORDÓÑEZ

Ya cabalga Diego Ordóñez, del real se había salido,
armado de piezas dobles sobre un caballo morcillo;
va a retar los zamoranos con gran enojo encendido,
por el alevosa muerte del rey don Sancho, su primo.
Vido estar a Arias Gonzalo asomado en un castillo;
puso piernas al caballo, hacia él corriendo ha ido;
con alta voz temerosa, de esta suerte le ha dicho:
—Yo os riepto, los zamoranos, por traidores conocidos:
matastes el rey don Sancho, y en la villa fue acogido
el traidor que hizo este mal, y traidores habéis sido.
Sobre esto riepto los muertos, sobre esto riepto los vivos,
sobre esto riepto los hombres, y también riepto los niños;
sobre esto riepto las yerbas, y las aguas de los ríos.
Esto oyendo Arias Gonzalo, de esta suerte ha respondido:
—Si cual tú dices soy yo, no debiera ser nacido;
mas hablas como enojado, y no como hombre entendido.
¿Qué culpa tienen los muertos en lo que hacen los vivos?
Y en lo que los hombres hacen, ¿qué culpa tienen los niños,
ni las aguas, ni las yerbas, que son cosas sin sentido?
Mas bien sabes que en España antigua costumbre ha sido
que hombre que riepta concejo[46], haya de lidiar con cinco,
y, si alguno le venciese, el concejo queda quito[47].
En oír esto don Diego hallóse muy arrepiso[48];
dijo: —La razón que tengo me disculpa de lo dicho,
y si mi lengua ha errado, no mi intención y sentido.
Mas yo acepto, Arias Gonzalo, con los cinco el desafío;
o los mataré en el campo, o dirán lo que yo digo.
—En buen hora sea, don Diego, Arias Gonzalo le dijo,
a Dios pongo por juez porque es justo su juicio.
Plegue a él que así os ayude como es verdad vuestro dicho,
porque la muerte del rey permisión de Dios ha sido,
porque quebrantó el mandado que el rey su padre le hizo.
Así, creo, morirán los que siguen su partido.

[46] *concejo*: a toda la ciudad.

[47] *quito*: libre, exento.

[48] *arrepiso*: arrepentido.

Seis regidores llamaron de la villa para oíllo;
tres o nueve días de plazo tomaron para cumplillo.

6.5. TRISTEZA QUE RECIBIERON LOS ZAMORANOS POR EL RETO

Triste van los zamoranos metidos en gran quebranto;
reptados son de traidores, de alevosos son llamados:
más quieren ser todos muertos, que no traidores nombrados.
Día era de San Millán, ese día señalado,
todos duermen en Zamora, mas no duerme Arias Gonzalo.
Acerca de las dos horas del lecho se ha levantado:
castigando está sus hijos, a todos cuatro está armando;
las palabras que les dice son de mancilla y quebranto:
—Ayúdeos Dios, hijos míos, guárdeos Dios, hijos amados,
pues sabéis cuán falsamente habemos sido reptados;
tomad esfuerzo, mis hijos, si nunca lo habéis tomado,
acordaos que descendéis de la sangre de Laín Calvo,
cuya noble fama y gloria hasta hoy no se ha olvidado,
pues que sabéis que don Diego es caballero preciado,
pero mantiene mentira, y Dios de ello no es pagado:
el que de verdad se ayuda, de Dios siempre es ayudado.
Uno falta para cinco, porque no sois más de cuatro;
yo seré el quinto, y el primero que quiero salir al campo.
Morir quiero y no ver muerte de hijos que tanto amo.
Mis hijos, Dios os bendiga como os bendice mi mano.
Sus armas pide el buen viejo, sus hijos le están armando,
las grebas[49] le están poniendo; doña Urraca había entrado,
los brazos le echara encima, muy fuertemente llorando:
—¿Dónde vais, mi padre viejo, o para qué estáis armado?
Dejad las armas pesadas, que ya sois viejo cansado,
pues que sabéis si vos morís perdido es todo mi estado.
¡Acordaos que prometisteis a mi padre don Fernando
de nunca desampararme, ni dejar de vuestra mano!
—Pláceme, señora hija, respondió Arias Gonzalo.
Cabalgara Pedro d'Arias su hijo, que era el mediano,
que aunque era mozo de días, era en obras esforzado.
Dijo: —Cabalgad, mi hijo, que os esperan en el campo:
vais en tal hora y tal punto que nos saquéis de cuidado.
Sin poner pie en el estribo Arias Pedro ha cabalgado;
por aquel postigo viejo galopando ha llegado
donde estaban los jueces que le estaban esperando;
partido les han el sol, dejado les han el campo.

---

[49] *grebas*: pieza de la armadura que cubre la pierna desde la rodilla hasta la garganta del pie.

7. ROMANCES DEL CID Y ALFONSO VI

7.1. ROMANCE DEL JURAMENTO QUE TOMÓ EL CID AL REY DON ALFONSO

En Santa Gadea de Burgos,   do juran los hijosdalgo,
allí le toma la jura   el Cid al rey castellano.
Las juras eran tan fuertes,   que al buen rey ponen espanto;
sobre un cerrojo de hierro   y una ballesta de palo:
—Villanos te maten, Alonso,   villanos, que non hidalgos,
de las Asturias de Oviedo,   que no sean castellanos;
mátente con aguijadas[50],   no con lanzas ni con dardos;
con cuchillos cachicuernos[51],   no con puñales dorados;
abarcas traigan calzadas,   que non zapatos con lazo;
capas traigan aguaderas,   no de contray ni frisado[52];
con camisones de estopa[53],   no de holanda ni labrados[54];
caballeros vengan en burras,   que no en mulas ni en caballos;
frenos traigan de cordel,   que no cueros fogueados.
Mátente por las aradas,   que no en villas ni en poblado,
sáquente el corazón   por el siniestro costado,
si no dijeres la verdad   de lo que te fuere preguntado,
si fuiste, ni consentiste   en la muerte de tu hermano.
Jurado había el rey,   que en tal nunca se ha hallado;
pero allí hablara el rey   malamente y enojado:
—Muy mal me conjuras, Cid,   Cid, muy mal me has conjurado;
mas hoy me tomas la jura,   mañana me besarás la mano.

---

50 *aguijadas*: varas con puntas de hierro; eran herramientas de labrador.
51 *cachicuerno*: con cachas de cuerno.
52 *contray, frisado*: telas finas de lana y seda, respectivamente.
53 *estopa*: tela burda.
54 *labrados*: bordados.

—Por besar mano de rey no me tengo por honrado;
porque la besó mi padre me tengo por afrentado.
—Vete de mis tierras, Cid, mal caballero probado,
y no vengas más a ellas dende este día en un año.
—Pláceme, dijo el buen Cid, pláceme, dijo, de grado,
por ser la primera cosa que mandas en tu reinado.
Tú me destierras por uno, yo me destierro por cuatro.
Ya se parte el buen Cid, sin al rey besar la mano,
con trescientos caballeros, todos eran hijosdalgo
todos son hombres mancebos, ninguno no había cano;
todos llevan lanza en puño y el hierro acicalado,
y llevan sendas adargas con borlas de colorado.
mas no le faltó al buen Cid adonde asentar su campo.

7.2. REPREHENSIÓN DEL CID A DON ALONSO

En las almenas de Toro, allí estaba una doncella,
vestida de paños negros, reluciente como estrella;
pasara el rey don Alonso, enamorado se había de ella,
dice: —Si es hija de rey que se casaría con ella,
y si es hija de duque serviría por manceba.
Allí hablara el buen Cid, estas palabras dijera:
—Vuestra hermana es, señor, vuestra hermana es aquella.
—Si mi hermana es, dijo el rey, ¡fuego malo encienda en ella!,
llámenme mis ballesteros, tírenle sendas saetas,
y aquel que la errare que le corten la cabeza.
Allí hablara el buen Cid, de esta suerte respondiera:
—Mas aquel que la tirare, pase por la misma pena.
—Idos de mis tiendas, Cid, no quiero que estéis en ellas.
—Pláceme, respondió el Cid, que son viejas, y no nuevas;
irme he yo para las mías, que son de brocado y seda,
que no las gané holgando, ni bebiendo en la taberna,
ganélas en las batallas con mi lanza y mi bandera.

7.3. ROMANCE DEL REY MORO QUE PERDIÓ VALENCIA

Helo, helo, por do viene el moro por la calzada,
caballero a la jineta encima una yegua baya,
borceguíes marroquíes y espuela de oro calzada,
una adarga ante los pechos y en su mano una azagaya[55].
Mirando estaba a Valencia, cómo está tan bien cercada:

[55] *azagaya*: lanza arrojadiza.

—¡Oh Valencia, oh Valencia,   de mal fuego seas quemada!
Primero fuiste de moros   que de cristianos ganada.
Si la lanza no me miente,   a moros serás tornada;
y aquel perro de aquel Cid   prenderélo por la barba;
su mujer, doña Jimena,   será de mí cautivada,
su hija, Urraca Hernando,   será mi enamorada,
después de yo harto de ella   la entregaré a mi compaña.
El buen Cid no está tan lejos,   que todo bien lo escuchaba:
—Venid vos acá, mi hija,   mi hija doña Urraca;
dejad las ropas continas[56]   y vestid ropas de pascua[57].
Aquel moro hideperro   detenédmelo en palabras,
mientras yo ensillo a Babieca   y me ciño la mi espada.
La doncella, muy hermosa,   se paró a una ventana;
el moro, desque la vido,   de esta suerte le hablara:
—¡Alá te guarde, señora,   mi señora doña Urraca!
—¡Así haga a vos, señor,   buena sea vuestra llegada!
Siete años ha, rey, siete,   que soy vuestra enamorada.
—Otros tantos ha, señora,   que os tengo dentro en mi alma.
Ellos estando en aquesto,   el buen Cid que asomaba.
—Adiós, adiós, mi señora,   la mi linda enamorada,
que del caballo Babieca   yo bien oigo la patada.
Do la yegua pone el pie,   Babieca pone la pata.
Allí hablara el caballo,   bien oiréis lo que hablaba:
—¡Reventar debía la madre   que a su hijo no esperaba!
Siete vueltas la rodea   al derredor de una jara;
la yegua, que era ligera,   muy adelante pasaba,
hasta llegar cabe un río   adonde una barca estaba.
El moro, desque la vido,   con ella buen se holgaba,
grandes gritos da al baquero   que le allegase la barca;
el barquero es diligente,   túvosela aparejada,
embarcó muy presto en ella,   que no se detuvo nada.
Estando el moro embarcado,   el buen Cid que llegó al agua,
y por ver al moro en salvo,   de tristeza reventaba;
mas con la furia que tiene,   una lanza le arrojaba,
y dijo: —¡Recoged, mi yerno,   arrecogedme esa lanza,
que quizá tiempo verná   que os será bien demandada!

7.4. ROMANCE DE LOS CONDES DE CARRIÓN

De concierto están los condes   hermanos Diego y Fernando;
afrentar quieren al Cid,   muy gran traición han armado,

[56] *continas*: de todos los días.

[57] *pascua*: de fiesta.

quieren volverse a sus tierras, sus mujeres demandando;
y luego les dice el Cid, cuando se las ha entregado.
—Mirad, yernos, que tratedes como a dueñas hijasdalgo
mis hijas, pues que a vosotros por mujeres las he dado.
Ellos ambos le prometen de obedecer su mandado.
Ya cabalgan los condes, y el buen Cid está a caballo
con todos sus caballeros que le van acompañando;
por las huertas y jardines van riendo y festejando.
Por espacio de una legua el Cid los ha acompañado;
cuando de ellas se despide, lágrimas le van saltando.
como hombre que ya sospecha la gran traición que han armado,
manda que vaya tras ellos Alvaráñez su criado.
Vuélvese el Cid y su gente, y los condes van de largo.
Andando con muy gran priesa, en un monte habían entrado
muy espeso y muy oscuro de altos árboles poblado.
Mandaron ir toda su gente adelante muy gran rato;
quédanse con sus mujeres tan solos Diego y Fernando.
Apéanse de los caballos, y las riendas han quitado;
sus mujeres que lo ven, muy gran llanto han levantado.
Apéanlas de las mulas cada cual para su lado;
como las parió su madre ambas las han desnudado,
y luego a sendas encinas las han fuertemente atado.
Cada uno azota la suya, con riendas de su caballo;
la sangre que de ellas corre, el campo tiene bañado;
mas no contentos con esto, allí se las han dejado.
Su primo que las hallara, como hombre muy enojado,
a buscar los condes iba; como no los ha hallado,
volvióse para ellas, muy pensativo y turbado:
en casa de un labrador allí se las ha dejado.
Vase para el Cid su tío, todo se lo ha contado.
Con muy gran caballería, por ellas ha enviado.
De aquesta tan grande afrenta, el Cid al rey se ha quejado;
el rey como aquesto vido, tres cortes había armado.

7.5. ROMANCE DE LAS CORTES DE TOLEDO

Tres cortes armara el rey, todas tres a una sazón:
las unas armara en Burgos, las otras armó en León,
las otras armó en Toledo, donde los hidalgos son,
para cumplir de justicia al chico con el mayor.
Treinta días da de plazo, treinta días, que más no,
y el que a la postre viniese que lo diesen por traidor.
Veintinueve son pasados, los condes llegados son;
treinta días son pasados, y el buen Cid no viene, no.

Allí hablaran los condes: —Señor, dadlo por traidor.
Respondiérales el rey: —Eso non faría, no,
que el buen Cid es caballero   de batallas vencedor,
pues que en todas las mis cortes   no lo habría otro mejor.
Ellos en aquesto estando,   el buen Cid que asomó
con trescientos caballeros,   todos hijosdalgo son,
todos vestidos de un paño,   de un paño y de una color,
sino fuera el buen Cid,   que traía un albornoz.
—Manténgaos Dios, el rey,   y a vosotros sálveos Dios,
que no hablo yo a los condes,   que mis enemigos son.

III
ROMANCES HISTÓRICOS VARIOS

1. OTROS ROMANCES DE LA HISTORIA DE CASTILLA

1.1. ROMANCE DEL REY DON FERNANDO IV

Válasme, nuestra señora, cual dicen de la Ribera,
donde el buen rey don Fernando tuvo la su cuarentena.
Desde el miércoles corvillo[1] hasta el jueves de la Cena,
que el rey no hizo la barba, ni peinó la su cabeza.
Una silla era su cama, un canto por cabecera,
los cuarenta pobres comen cada día a la su mesa;
de lo que a los pobres sobra el rey hace la su cena,
con vara de oro en la mano bien hace servir la mesa.
Dícenle sus caballeros: —¿Dónde irás tener la fiesta?
—A Jaén, dice, señores, con mi señora la reina.
Después que estuvo en Jaén, y la fiesta hubo pasado,
pártese para Alcaudete, ese castillo nombrado;
el pie tiene en el estribo, que aún no se había apeado,
cuando le daban querella de dos hombres hijosdalgo,
y la querella le daban dos hombres como villanos:
abarcas traen calzadas y aguijadas en las manos.
—Justicia, justicia, rey, pues que somos tus vasallos,
de don Pedro Carvajal y de don Alonso su hermano,
que nos corren nuestras tierras y nos robaban el campo,
y nos fuerzan las mujeres a tuerto y desaguisado;
comíannos la cebada sin después querer pagallo,
hacen otras desvergüenzas que vergüenza era contallo.

[1] *corvillo*: miércoles de ceniza.

—Yo haré de ello justicia, tornaos a vuestro ganado.
Manda pregonar el rey y por todo su reinado
que cualquiera que lo hallase le daría buen hallazgo[2].
Hallólos el almirante allá en Medina del Campo,
comprando muy ricas armas, jaeces para caballos.
—Presos, presos, caballeros, presos, presos, hijosdalgo.
—No por vos, el almirante, si de otro no traéis mandado.
—Estad presos, caballeros, que del rey traigo recaudo.
Plácenos el almirante, por cumplir el su mandado,
por las sus jornadas ciertas en Jaén habían entrado.
—Manténgate Dios, el rey. —Mal vengades, hijosdalgo.
Mándales cortar los pies, mándales cortar las manos,
y mándalos despeñar de aquella peña de Martos.
Allí hablara el uno de ellos, el menor y más osado:
—¿Por qué lo haces, el rey, por qué haces tal mandado?
Querellámonos, el rey, para ante el soberano,
que dentro de treinta días vais con nosotros a plazo;
y ponemos por testigos a San Pedro y a San Pablo:
ponemos por escribano al apóstol Santiago.
El rey, no mirando en ello, hizo cumplir su mandado
por la falsa información que los villanos le han dado;
y muertos los Carvajales, que lo habían emplazado,
antes de los treinta días él se fallara muy malo,
y desque fueron cumplidos, en el postrer día del plazo,
fue muerto dentro en León, do la sentencia hubo dado.

1.2. ROMANCE DE DON FADRIQUE

Yo me estaba allá en Coimbra, que yo me la hube ganado,
cuando me vinieron cartas del rey don Pedro, mi hermano,
que fuese a ver los torneos que en Sevilla se han armado.
Yo, Maestre sin ventura, yo, maestre desdichado,
tomara trece de mula, veinte y cinco de caballo,
todos con cadenas de oro de jubones de brocado.
Jornada de quince días en ocho la había andado.
A la pasada de un río, pasándole por el vado,
cayó mi mula conmigo, perdí mi puñal dorado,
ahogáraseme un paje, de los míos más privado,
criado era en mi sala y de mí muy regalado.
Con todas estas desdichas a Sevilla hube llegado.
a la puerta Macarena encontré con un ordenado
ordenado de evangelio[3], que misa no había cantado:

[2] *hallazgo*: recompensa.

[3] *ordenado de evangelio*: diácono.

—Manténgate Dios, Maestre, Maestre, bien seáis llegado.
Hoy te ha nacido hijo, hoy cumples veinte y un año,
si te pluguiese, maestre, volvamos a baptizallo,
que yo sería el padrino, tú, Maestre, el ahijado.
Allí hablara el Maestre, bien oiréis lo que ha hablado:
—No me lo mandéis, señor, padre, no queráis mandallo,
que voy a ver qué me quiere el rey don Pedro, mi hermano.
Di de espuelas a mi mula, en Sevilla me hube entrado.
De que no vi tela[4] puesta, ni vi caballero armado,
fuime para los palacios del rey don Pedro, mi hermano.
En entrando por las puertas, las puertas me habían cerrado;
quitáronme la mi espada, la que traía a mi lado;
quitáronme mi compañía, la que me había acompañado.
Los míos, desque esto vieron, de traición me han avisado,
que me saliese yo fuera que ellos me pondrían a salvo.
Yo, como estaba sin culpa, de nada hube curado.
Fuime para el aposento del rey don Pedro, mi hermano:
—Mantengaos Dios, el rey, y a todos de cabo a cabo.
—Mal hora vengáis, Maestre, Maestre, mal seáis llegado;
nunca nos venís a ver sino una vez en el año,
y ésta que venís, Maestre, es por fuerza o por mandado.
Vuestra cabeza, Maestre, mandada está en aguinaldo.
—¿Por qué es aqueso, buen rey? Nunca os hice desaguisado,
ni os dejé yo en la lid, ni con moros peleando.
—Venid acá, mis porteros, hágase lo que he mandado.
Aún no lo hubo bien dicho, la cabeza le han cortado;
a doña María de Padilla en un plato la ha enviado.
Así hablaba con ella, como si estuviera sano[5],
las palabras que le dice de esta suerte está hablando:
—Aquí pagaréis, traidor, lo de antaño y lo de hogaño,
el mal consejo que diste al rey don Pedro, tu hermano.
Asióla por los cabellos, echado se la ha a un alano;
el alano es del Maestre, púsola sobre un estrado,
a los aullidos que daba atronó todo el palacio.
Allí demandara el rey: —¿Quién hace mal a ese alano?
Allí respondieron todos a los cuales ha pesado:
—Con la cabeza lo ha, señor, del Maestre, vuestro hermano.
Allí hablara una su tía que tía era de entrambos:
—¡Cuán mal lo miraste, rey!, rey, ¡qué mal lo habéis mirado!
Por una mala mujer habéis muerto un tal hermano.
Aún no lo había bien dicho, cuando ya le había pesado.
Fuese para doña María, de esta suerte le ha hablado:
—Prendedla, mis caballeros, ponédmela a buen recaudo,

[4] *tela*: espacio reservado para un torneo o fiesta.
[5] *sano*: vivo.

que yo le daré tal castigo que a todos sea sonado.
En cárceles muy escuras allí la había aprisionado;
él mismo le da a comer, él mismo con la su mano,
no se fía de ninguno, sino de un paje que ha criado.

1.3. ROMANCE DEL REY DON PEDRO EL CRUEL

Por los campos de Jerez a caza va el rey don Pedro;
allegóse a una laguna, allí quiso ver un vuelo.
Vio salir de ella una garza, remontóle un sacre nuevo,
echóle un neblí[6] preciado, degollado se le ha luego;
a sus pies cayó el neblí, túvolo por mal agüero.
Sube la garza muy alta, parece entrar en el cielo.
De hacia Medina Sidonia vio venir un bulto negro,
cuanto más se le allegaba, poniéndole va más miedo.
Salió dél un pastorcito, llorando viene y gimiendo,
con un bastón en sus manos, los ojos en tierra puestos,
sin bonete su cabeza, todo vestido de duelo,
descalzo, lleno de espinas. De traílla trae un perro,
aullidos daba muy tristes, concertados con su duelo;
sus cabellos va mesando, la su cara va rompiendo;
el duelo hace tan triste, que al rey hace poner miedo.
A voces dice: —Castilla, Castilla, perderte has cedo,
que en ti se vierte la sangre de tus nobles caballeros;
mátaslos contra justicia, reclaman a Dios del cielo.
Los gritos daba muy altos, todos se espantan de vello.
Su cara llena de sangre; allegóse al rey don Pedro;
dijo: —Rey, lo que te digo, sin duda te vendrá presto;
serás muy calumniado, y serás por armas muerto.
Quieres mal a doña Blanca, a Dios ensañas por ello;
perderás por ello el reino. Si quieres volver con ella,
darte ha Dios un heredero. El rey fue mucho turbado,
mandó el pastor fuese preso; mandó hacer gran pesquisa
si la reina fuera en esto. El pastor se les soltara,
nadie sabe qué se ha hecho. Mandó matar a la reina
ese día a un caballero, pareciéndole acabada
con su muerte el mal agüero.

6 *sacre y neblí*: aves rapaces.

1.4. MUERTE DE DOÑA BLANCA DE BORBÓN

Doña María de Padilla, no os mostredes triste, no:
si me descasé dos veces, hícelo por vuestro amor,
y por hacer menosprecio de doña Blanca de Borbón.
A Medina Sidonia envío a que me labren un pendón,
será de color de sangre, de lágrimas su labor;
tal pendón, doña María, se hace por vuestro amor.
Llamara Alonso Ortiz, que es un honrado varón,
para que fuese a Medina, a dar fin a la labor.
Respondió Alonso Ortiz: —Eso, señor, no haré yo,
que quien mata a su señora es aleve a su señor.
El rey no le respondiera; en su cámara se entró:
enviara por dos maceros, los cuales él escogió.
Éstos fueron a la reina, halláronla en oración;
la reina, como los viera, casi muerta se cayó;
mas después que en sí tornara, esforzada les habló:
—Ya sé a qué venís, amigos, que mi alma lo sintió;
aqueso que está ordenado no se puede excusar, no.
¡Oh Castilla! ¿Qué te hice? No por cierto traición.
¡Oh Francia, mi dulce tierra! ¡Oh mi casa de Borbón!
Hoy cumplo dieciséis años, a los diecisiete muero yo.
El rey no me ha conocido, con las vírgenes me vo.
Doña María de Padilla, esto te perdono yo;
por quitarme de cuidado lo hace el rey mi señor.
Los maceros le dan priesa, ella pide confesión;
perdonáralos a ellos, y puesta en su oración,
danle golpes con las mazas, y ansí la triste murió.

2. ROMANCES DE LA HISTORIA DE ARAGÓN

2.1. ROMANCE DEL REY RAMIRO

Ya se asienta el rey Ramiro, ya se asienta a sus yantares,
los tres de sus adalides se la pararon delante:
al uno llaman Armiño, al otro llaman Galvane,
al otro Tello, lucero que los adalides trae.
—Mantengaos Dios, señor. —Adalides, bien vengades:
¿qué nuevas me traedes del campo de Palomares?
—Buenas las traemos, señor, pues que venimos acá;
siete días anduvimos que nunca comimos pan,
ni los caballos cebada, de lo que nos pesa más;
ni entramos en poblado, ni vimos con quién hablar,
sino siete cazadores que andaban a cazar.
Que nos pesó a nos plugo, hubimos de pelear:
los cuatro de ellos matamos, los tres traemos acá,
y si lo creéis, buen rey, si no, ellos lo dirán.

2.2. ROMANCE DEL REY DE ARAGÓN

Miraba de Campo Viejo el rey de Aragón un día,
miraba la mar de España cómo menguaba y crecía;
mira naos y galeras, unas van y otras venían:
unas cargadas de sedas, y otras de ropas finas,
unas van para Levante, otras van para Castilla.
Miraba la gran ciudad que Nápoles se decía:
—¡Oh ciudad, cuánto me cuestas por la gran desdicha mía!
Cuéstasme veinte y un años, los mejores de mi vida,
cuéstasme un tal hermano que más que un Héctor valía,

querido de caballeros y de damas de valía;
cuéstasme los mis tesoros, los que guardados tenía;
cuéstasme un pajecico que más que a mí lo quería.

3. ROMANCES DE LA HISTORIA DE PORTUGAL

3.1. ROMANCE DE DOÑA ISABEL DE LIAR

Yo me estando en Giromena a mi placer y holgar,
subiérame a un mirador por más descanso tomar;
por los campos de Monvela caballeros vi asomar:
ellos no vienen de guerra, ni menos vienen de paz,
vienen en buenos caballos, lanzas y adargas traen.
Desque yo los vi, mezquina, parémelos a mirare,
conociera al uno de ellos en el cuerpo y cabalgar:
don Rodrigo de Chavela, que llaman del Marichale,
primo hermano de la reina, mi enemigo era mortale.
Desque yo, triste, le viera, luego vi mi mala señale.
Tomé mis hijos conmigo y subíme al homenaje[7];
ya que yo iba a subir, ellos en mi sala estáme;
don Rodrigo es el primero, y los otros tras él vane.
—Sálveos Dios, doña Isabel, —Caballeros, bien vengades.
—¿Conocédesnos, señora, pues así vais a hablare?
—¡Ya os conozco, don Rodrigo, ya os conozco por mi male!
¿A qué era vuestra venida? ¿Quién os ha enviado acae?
—Perdonédesme, señora, por lo que os quiero hablare:
sabed que la reina, mi prima, acá enviado me hae,
porque ella es muy mal casada y esta culpa en vos estae,
porque el rey tiene en vos hijos y en ella nunca los hae,
siendo, como sois, su amiga, y ella mujer naturale,
manda que muráis, señora, paciencia queráis prestare.
Respondió doña Isabel con muy gran honestidade:
—Siempre fuisteis, don Rodrigo, en toda mi contrariedade;

[7] *homenaje*: la torre más alta de un castillo.

si vos queredes, señor,   bien sabedes la verdade,
que el rey me pidió mi amor,   y yo no se lo quise dare,
temiendo más a mi honra,   que no sus reinos mandare.
Desque vio que no quería,   mis padres fuera a mandare;
ellos tampoco quisieron,   por la su honra guardare.
Desque todo aquesto vido,   por fuerza me fue a tomare:
trújome a esta fortaleza,   do estoy en este lugare.
Tres años he estado en ella   fuera de mi voluntade,
y si el rey tiene en mí hijos,   plugo a Dios y a su bondade,
y si no los ha en la reina,   es ansí su voluntade.
¿Por qué me habéis de dar muerte,   pues que no merezco male?
Una merced os pido, señores,   no me la queráis negare:
desterreisme de estos reinos,   que en ellos no estaré mase;
irme he yo para Castilla,   o a Aragón más adelante
y si aquesto no bastare,   a Francia me iré a morare.
—Perdonédesnos, señora,   que no se puede hacer mase;
aquí está el duque de Bavia   y el marqués de Villa Reale,
y aquí está el obispo de Oporto,   que os viene a confesare.
Cabe vos está el verdugo   que os había de degollare,
y aun aqueste pajecico   la cabeza ha de llevare.
Respondió doña Isabel,   con muy gran honestidade:
—Bien parece que soy sola,   no tengo quién me guardare,
ni tengo padre ni madre,   pues no me dejan hablare;
y el rey no está en esta tierra,   que era ido allende el mare,
mas desque él sea venido,   la mi muerte vengarae.
—Acabedes ya, señora,   acabedes ya de hablare.
Tomadla, señor obispo,   y metedla a confesare.
Mientras en la confesión,   todos tres hablando estane
si era bien hecho o mal hecho   esta dama degollare:
los dos dicen que no muera,   que en ella culpa no hae,
don Rodrigo es tan cruel,   dice que la ha de matare.
Sale de la confesión   con sus tres hijos delante:
el uno dos años tiene,   el otro para ellos vae,
y el otro era de teta,   dándole sale a mamare,
toda cubierta de negro,   lástima es de la mirare.
—Adiós, adiós, hijos míos,   hoy os quedaréis sin madre;
caballeros de alta sangre,   por mis hijos queráis mirare,
que al fin son hijos de rey,   aunque son de baja madre.
Tiéndenla en un repostero   para habella de degollare;
así murió esta señora,   sin merecer ningún male.

3.2. ROMANCE DE LA VENGANZA DE DOÑA ISABEL

En Ceuta está el buen rey, ese rey de Portugal,
cuando le dieron aviso de tristeza y de pesar,
diciendo que le habían muerto a doña Isabel de Liar,
y que lo mandó la reina por su mala voluntad.
Don Rodrigo fue el cruel, el que llaman de Marchal,
y ese duque de Salinas, y el marqués de Villarreal,
con el obispo de Oporto, que la fuera a confesar.
Cuando aquesto supo el rey, no hace sino llorar;
juraba por su corona que la había de vengar.
Mandó tocar sus trompetas, el real mandara alzar;
vistióse todo de luto, luego se quiso embarcar
con solo diez caballeros que no le quieren dejar.
No quiso aguardar la flota, por no se tanto tardar,
y dentro de siete días a Sevilla fue a llegar;
y de allí, a pocos días, es llegado a Portugal.
Fuese derecho a palacio, do solía reposar.
La reina cuando lo supo, vínose a los visitar;
mas el rey con mucha saña de esta suerte le fue a hablar:
—Mal vengades vos, la reina, malo sea vuestro llegar.
En diciendo estas razones, la mandó presto tomar,
y en el mismo repostero do su amiga fue a finar,
mandó degollar la reina, don Rodrigo cuartear,
y a ese duque de Salinas, y al marqués de Villarreal,
y al buen obispo de Oporto le mandó descabezar.
Hizo sacar a su amiga para con ella casar,
y por heredar sus hijos, a don Pedro y a don Juan;
y después, con mucha honra, la mandó luego enterrar:
de este modo vengó el rey a doña Isabel de Liar.

3.3. ROMANCE DEL DUQUE DE BERGANZA

Lunes se decía, lunes, tres horas antes del día,
cuando el duque de Berganza con la duquesa reñía.
El duque con grande enojo estas palabras decía:
—Traidora me sois, duquesa, traidora, falsa, malina,
porque pienso que traición me hacéis y alevosía.
—No te soy traidora, duque, ni en mi linaje lo había.
Echó la mano a la espada, viendo que así respondía;
la duquesa con esfuerzo con las manos le tenía.
—Dejes la espada, duquesa, las manos te cortaría.
—Por más cortadas, el duque, a mí nada se daría;

si no, vedlo por la sangre   que mi camisa teñía.
¡Socorred, mis caballeros,   socorred por cortesía!
No hay ninguno allí de aquellos   a quien la favor pedía,
que eran todos portugueses   y ninguno la entendía,
sino era un pajecico   que a la mesa la servía.
—Dejes la duquesa, el duque,   que nada te merecía.
El duque muy enojado   detrás del paje corría,
y cortóle la cabeza   aunque no lo merecía.
Vuelve el duque a la duquesa,   antes que viniese el día.
—En tus manos estoy, duque,   haz de mí a tu fantasía,
que padre y hermanos tengo   que te lo demandarían,
y aunque éstos estén en España,   allá muy bien se sabría.
—No me amenacéis, duquesa,   con ellos yo me avenía.
—Confesar me dejes, duque,   y mi alma ordenaría.
—Confesaos con Dios, duquesa,   con Dios y Santa María.
—Mirad, duque, esos hijicos   que entre vos y mí había.
—No los lloréis más, duquesa,   que yo me los criaría.
Revolvió el duque su espada,   a la duquesa hería:
diole sobre su cabeza,   y a sus pies muerta caía.
Cuando ya la vio muerta   y la cabeza volvía,
vido estar sus dos hijicos   en la cama do dormía,
que reían y jugaban   con sus juegos a porfía.
Cuando así jugar los vido,   muy tristes llantos hacía;
con lágrimas en sus ojos   les hablaba y les decía:
—Hijos, ¡cuál quedáis sin madre,   a la cual yo muerto había!
Matéla sin merecello,   con enojo que tenía.
¿Dónde irás, el triste duque?   De tu vida, ¿qué sería?
¿Cómo tan grande pecado   Dios te lo perdonaría?

IV
ROMANCES FRONTERIZOS

1. DEL CERCO DE BAEZA

Cercada tiene a Baeza   ese arráez[1] Andalla Mir,
con ochenta mil peones,   caballeros cinco mil.
Con él va ese traidor,   el traidor de Pero Gil.
Por la puerta de Bedmar   la empieza de combatir;
ponen escalas al muro,   comiénzanle a conquerir;
ganada tiene una torre,   non le pueden resistir,
cuando de la de Calonge   escuderos vi salir.
Ruy Fernández va delante,   aquese caudillo ardil[2];
arremete con Andalla,   comienza de le ferir,
cortado le ha la cabeza,   los demás dan a fuir.

2. ROMANCE DEL ASALTO DE BAEZA

Moricos, los mis moricos,   los que ganáis mi soldada,
derribédesme a Baeza,   esa villa torreada,
y a los viejos y a los niños   los traed en cabalgada,
y a los mozos y varones   los meted todos a espada,
y a ese viejo Pero Díaz   prendédmelo por la barba,
y aquesa linda Leonor   será la mi enamorada.
Id vos, capitán Vanegas,   porque venga más honrada,
que si vos sois mandadero,   será cierta la jornada.

3. REDUÁN, BIEN SE TE ACUERDA

—Reduán, bien se te acuerda   que me diste la palabra
que me darías a Jaén   en una noche ganada.
Reduán, si tú lo cumples,   daréte paga doblada,

[1] *arráez*: caudillo árabe.
[2] *ardil*: astuto.

y si tú no lo cumplieres,   desterrarte he de Granada;
echarte he en una frontera   do no goces de tu dama.
Reduán le respondía   sin demudarse la cara:
—Si lo dije, no me acuerdo;   mas cumpliré mi palabra.
Reduán pide mil hombres,   el rey cinco mil le daba.
Por esa puerta de Elvira   sale muy gran cabalgada.
¡Cuánto del hidalgo moro!   ¡Cuánta de la yegua baya!
¡Cuánta de la lanza en puño!   ¡Cuánta de la adarga blanca!
¡Cuánta de marlota[3] verde!   ¡Cuánta aljuba[4] de escarlata!
¡Cuánta pluma y gentileza!   ¡Cuánto capellar[5] de grana!
¡Cuánto bayo borceguí!   ¡Cuánto lazo que le esmalta!
¡Cuánta de la espuela de oro!   ¡Cuánta estribera de plata!
Toda es gente valerosa   y experta para batalla:
en medio de todos ellos   va el rey Chico de Granada.
Míranlo las damas moras   de las torres del Alhambra.
La reina mora, su madre,   de esta manera le habla:
—Alá te guarde, mi hijo,   Mahoma vaya en tu guarda,
y te vuelva de Jaén   libre, sano y con ventaja,
y te dé paz con tu tío,   señor de Guadix y Baza.

4. DE FERNANDARIAS

—¡Buen alcaide de Cañete,   mas consejo habéis tomado
en correr a Setenil,   hecho se había voluntario!
¡Harto hace el caballero   que guarda lo encomendado!
Pensaste correr seguro,   y celada os han armado.
Hernandarias Sayavedra,   vuestro padre, os ha vengado,
ca cuerda correr a Ronda,   y a los suyos va hablando:
—El mi hijo Hernandarias   muy mala cuenta me ha dado,
encomendéle a Cañete,   él muerto fuera en el campo.
Nunca quiso mi consejo,   siempre fue mozo liviano,
que por alancear un moro   perdiera cualquier estado.
Siempre esperé su muerte   en verle tan voluntario,
mas hoy los moros de Ronda   conocerán que le amo.
A Gonzalo de Aguilar   en celada le han dejado.
Viniendo a vista de Ronda,   los moros salen al campo.
Hernandarias dio una vuelta   con ardid muy concertado,
y Gonzalo de Aguilar   sale a ellos denodado,
blandeando la su lanza   iba diciendo: —¡Santiago,
a ellos, que no son nada,   hoy venguemos a Fernando!
Murió allí Juan Delgadillo   con hartos bueno cristianos;

---

[3] *marlota*: vestidura ajustada.
[4] *aljuba*: gabán de manga corta.
[5] *capellar*: manto.

mas por las puertas de Ronda los moros iban entrando:
veinte y cinco traía presos, trescientos moros mataron;
mas el viejo Hernandarias no se tuvo por vengado.

5. ROMANCE DEL MORO DE ANTEQUERA

De Antequera partió el moro tres horas antes del día,
con cartas en la su mano en que socorro pedía.
Escritas iban con sangre, mas no por falta de tinta.
El moro que las llevaba ciento y veinte años había;
la barba tenía blanca, la calva le relucía;
toca llevaba tocada, muy grande precio valía.
La mora que la labrara por su amiga la tenía;
alhareme[6] en su cabeza con borlas de seda fina;
caballero en una yegua, que caballo no quería.
Solo con un pajecico que le tenga compañía,
no por falta de escuderos, que en su casa hartos había.
Siete celadas le ponen de mucha caballería,
mas la yegua era ligera, de entre todos se salía;
por los campos de Archidona a grandes voces decía:
—¡Oh buen rey, si tú supieses mi triste mensajería,
mesarías tus cabellos y la tu barba vellida!
El rey, que venir lo vido, a recibirlo salía
con trescientos de caballo, la flor de la morería.
—Bien seas venido el moro, buena sea tu venida.
—Alá te mantenga, el rey, con toda tu compañía.
—Dime, ¿qué nuevas me traes de Antequera, esa mi villa?
—Yo te las diré, buen rey, si tú me otorgas la vida.
—La vida te es otorgada, si traición en ti no había.
—Nunca Alá lo permitiese hacer tan gran villanía,
mas sepa tu real alteza lo que ya saber debría,
que esa villa de Antequera en gran aprieto se veía,
que el infante don Fernando cercada te la tenía.
Fuertemente la combate sin cesar noche ni día;
manjar que tus moros comen, cueros de vaca cocida;
buen rey, si no la socorres, muy presto se perdería.
El rey, cuando aquesto oyera, de pesar se amortecía;
haciendo gran sentimiento, muchas lágrimas vertía;
rasgaba sus vestiduras, con gran dolor que tenía,
ninguno le consolaba, porque no lo permitía;
mas después, en sí tornado, a grandes voces decía:
—Tóquense mis añafiles, trompetas de plata fina;

[6] *alhareme*: alfareme: toca árabe.

júntense mis caballeros cuantos en mi reino había,
vayan con mis dos hermanos a Archidona, esa mi villa,
en socorro de Antequera, llave de mi señoría.
Y ansí con este mandado se juntó gran morería;
ochenta mil peones fueron el socorro que venía,
con cinco mil de caballo, las mejores que tenía.
Ansí en la Boca del Asna este real sentado había
a vista del del infante, el cual ya se apercibía,
confiando en la gran victoria que de ellos Dios le daría,
sus gentes bien ordenadas: de San Juan era aquel día,
cuando se dio la batalla de los nuestros tan herida,
que por ciento y veinte muertos quince mil moros había.
Después de aquesta batalla fue la villa combatida
con lombardas[7] y pertrechos, y con una gran bastida[8],
con que le ganan las torres de donde era defendida.
Después dieron el castillo los moros a pleitesía,
que libres con sus haciendas el infante los pornía
en la villa de Archidona, lo cual todo se cumplía;
y ansí se ganó Antequera a loor de Santa María.

6. LA MAÑANA DE SAN JUAN

La mañana de San Juan al tiempo que alboreaba,
gran fiesta hacen los moros por la vega de Granada.
Revolviendo sus caballos, y jugando de las lanzas,
ricos pendones en ellas broslados[9] por sus amadas,
ricas marlotas[10] vestidas tejidas de oro y grana.
El moro que amores tiene señales de ello mostraba,
y el que no tenía amores allí no escaramuzaba.
Las damas moras los miran de las torres del Alhambra,
también se los mira el rey de dentro de la Alcazaba.
Dando voces vino un moro con la cara ensangrentada:
—Con tu licencia, el rey, te diré una nueva mala:
el infante don Fernando tiene a Antequera ganada;
muchos moros deja muertos, yo soy quien mejor librara,
siete lanzadas yo traigo, el cuerpo todo me pasan,
los que conmigo escaparon en Archidona quedaban.
Con la tal nueva el rey la cara se le demudaba;
manda juntar sus trompetas que toquen todas al arma,
manda juntar a los suyos, hace muy gran cabalgada,
y a las puertas de Alcalá, que la Real se llamaba,

---

[7] *lombardas*: cañones antiguos de gran calibre.

[8] *bastida*: máquina militar usada para batir castillos y plazas fuertes.

[9] *broslado*: bordados.

[10] *marlota*: vestido a modo de sayo ajustado al cuerpo.

los cristianos y los moros   una escaramuza traban.
Los cristianos eran muchos,   mas llevaban orden mala;
los moros, que son de guerra,   dádoles han mala carga;
de ellos matan, de ellos prenden,   de ellos toman en celada.
Con la victoria, los moros   van la vuelta de Granada;
a grandes voces decían: —¡La victoria ya es cobrada!

7. ROMANCE DE ABENÁMAR

—¡Abenámar, Abenámar,   moro de la morería,
el día que tú naciste   grandes señales había!
Estaba la mar en calma,   la luna estaba crecida;
moro que en tal signo nace   no debe decir mentira.
Allí respondiera el moro,   bien oiréis lo que decía:
—Yo te la diré[11], señor,   aunque me cueste la vida,
porque soy hijo de un moro   y una cristiana cautiva;
siendo yo niño y muchacho   mi madre me lo decía:
que mentira no dijese,   que era grande villanía;
por tanto pregunta, rey,   que la verdad te diría.
—Yo te agradezco, Abenámar,   aquesta tu cortesía.
¿Qué castillos son aquéllos?   ¡Altos son y relucían!
—El Alhambra era, señor,   y la otra la mezquita;
los otros los Alixares,   labrados a maravilla.
El moro que los labraba   cien doblas ganaba al día,
y el día que no los labra,   otras tantas se perdía.
El otro es Generalife,   huerta que par no tenía;
el otro Torres Bermejas,   castillo de gran valía.
Allí habló el rey don Juan,   bien oiréis lo que decía:
—Si tú quisieses, Granada,   contigo me casaría;
daréte en arras y dote   a Córdoba y a Sevilla.
—Casada soy, rey don Juan,   casada soy, que no viuda;
el moro que a mí me tiene,   muy grande bien me quería.

8. ROMANCE DE ÁLORA, LA BIEN CERCADA

Álora, la bien cercada,   tú que estás en par del río,
cercóte el adelantado[12]   una mañana en domingo,
de peones y hombres de armas   el campo bien guarnecido;
con la gran artillería   hecho te había un portillo[13].

---

[11] *yo te la diré*: se entiende "yo te diré la verdad".

[12] *adelantado*: gobernador de una provincia fronteriza.

[13] *portillo*: abertura en la muralla.

Viérades moros y moras todos huir al castillo:
las moras llevaban ropa, los moros, harina y trigo,
y las moras de quince años llevaban el oro fino,
y los moricos pequeños llevaban la pasa y higo.
Por cima de la muralla su pendón llevan tendido.
Entre almena y almena quedado se había un morico
con una ballesta armada y en ella puesta un cuadrillo[14].
En altas voces decía, que la gente lo había oído:
—¡Treguas, treguas, adelantado, por tuyo se da el castillo!
Alza la visera arriba, por ver el que tal le dijo:
asestárale a la frente, salido le ha al colodrillo.
Sacólo Pablo de rienda, y de mano Jacobillo,
estos dos que había criado en su casa desde chicos.
Lleváronle a los maestros por ver si será guarido.
A las primeras palabras el testamento les dijo.

9. ROMANCE DE DON ENRIQUE DE GUZMÁN

—Dadme nuevas, caballeros, nuevas me queredes dar
de aquese conde de Niebla, don Enrique de Guzmán,
que hace guerra a los moros, y ha cercado a Gibraltar.
Veo hoy lutos en mi corte, ayer vi fiestas muy grandes;
o el príncipe es fallecido, o alguno de mi sangre,
o don Álvaro de Luna, el maestre y condestable.
—No es muerto, señora, el príncipe, mas ha fallecido un grande,
que veredes a los moros cuán poco vos temerán,
que a éste sólo temían y no osaban saltear.
Es el buen conde de Niebla que se ha anegado en la mar,
por acorrer a los suyos nunca se quiso salvar;
en un batel donde venía le hicieron trastornar,
socorriendo un caballero que se le iba a anegar.
La mar andaba tan alta que no se pudo escapar,
teniendo casi ganada la fuerza de Gibraltar.
Llóranle todas las damas, galanes otro que tal,
llórale gente de guerra por ser tan buen capitán,
llóranle duques y condes, porque a todos sabía honrar.
—¡Oh qué nuevas me traedes, caballeros, de pesar!
Vístanse todos de jerga[15], no se hagan fiestas más,
vaya luego un mensajero, venga su hijo don Juan;
confirmarle he lo del padre, más le quiero acrecentar,
y de Medina Sidonia duque le hago de hoy más,
que a hijo de tan buen padre poco galardón se da.

---

[14] *cuadrillo*: saeta de madera.

[15] *jerga*: tela gruesa y tosca.

10. ROMANCE DE LA PRISIÓN DEL OBISPO DON GONZALO

Día era de San Antón,   ese santo señalado,
cuando salen de Jaén   cuatrocientos hijosdalgo;
y de Úbeda y Baeza   se salían otro tantos,
mozos deseosos de honra,   y los más enamorados.
En brazos de sus amigas   van todos juramentados
de no volver a Jaén   sin dar moro en aguinaldo.
La seña que ellos llevaban   es pendón rabo de gallo;
por capitán se lo llevan   al obispo don Gonzalo,
armado de todas armas,   en un caballo alazano;
todos se visten de verde,   el obispo, azul y blanco.
Al castillo de La Guarda   el obispo había llegado,
sáleselo a recibir   Mexía, el noble hidalgo:
—Por Dios te ruego, el obispo,   que no pasedes el vado,
porque los moros son muchos   que a La Guarda habían llegado;
muerto me han tres caballeros,   de que mucho me ha pesado:
el uno era tío mío,   el otro mi primo hermano,
y el otro es un pajecito   de los míos más preciado.
Demos la vuelta, señores,   demos la vuelta a enterrallos,
haremos a Dios servicio   y honraremos los cristianos.
Ellos estando en aquesto,   llegó don Diego de Haro:
—Adelante, caballeros,   que me llevan el ganado;
si de algún villano fuera,   ya lo hubiérades quitado;
empero, alguno está aquí   que le place de mi daño;
no cumple decir quién es,   que es el del roquete blanco.
El obispo, que lo oyera,   dio de espuelas al caballo;
el caballo era ligero,   saltado había un vallado;
mas al salir de una cuesta,   a la asomada de un llano,
vido mucha adarga blanca,   mucho albornoz colorado
y muchos hierros de lanzas   que relucían en el campo.
Metídose había por ellos,   como león denodado;
de tres batallas de moros   la una ha desbaratado,
mediante la buena ayuda   que en los suyos ha hallado;
aunque algunos de ellos mueren,   eterna fama han ganado.
Los moros son infinitos,   al obispo habían cercado;
cansado de pelear   lo derriban del caballo,
y los moros victoriosos   a su rey lo han presentado.

11. ROMANCE DEL ALCAIDE DE ALHAMA

—Moro alcaide, moro alcaide,   el de la barba vellida,
el rey os manda prender   porque Alhama era perdida.

—Si el rey me manda prender   porque es Alhama perdida,
el rey lo puede hacer;   mas yo nada le debía,
porque yo era ido a Ronda   a bodas de una mi prima;
yo dejé cobro en Alhama,   el mejor que yo podía.
Si el rey perdió su ciudad,   yo perdí cuanto tenía:
perdí mi mujer y hijos   la cosa que más quería.

12. ROMANCE DEL REY MORO QUE PERDIÓ ALHAMA

Paseábase el rey moro   por la ciudad de Granada;
cartas le fueron venidas   cómo Alhama era ganada:
las cartas echó al fuego,   y al mensajero matara.
Echó mano a sus cabellos,   y las sus barbas mesaba;
apeóse de una mula,   y en un caballo cabalga.
Mandó tocar sus trompetas,   sus añafiles de plata,
porque lo oyesen los moros   que andaban por el arada.
Cuatro a cuatro, cinco a cinco,   juntado se ha gran batalla.
Allí habló un moro viejo,   que era alguacil de Granada:
—¿A qué nos llamaste, rey,   a qué fue nuestra llamada?
—Para que sepáis, amigos,   la gran pérdida de Alhama.
—Bien se te emplea, señor,   señor, bien se te empleara,
por matar los Bencerrajes,   que eran la flor de Granada;
acogiste los judíos   de Córdoba la nombrada;
degollaste un caballero,   persona muy estimada;
muchos se te despidieron   por tu condición troncada.
—¡Ay si os plugiese, mis moros,   que fuésemos a cobralla!
—Mas si, rey, a Alhama has de ir,   deja buen cobro a Granada,
y para Alhama cobrar   menester es grande armada,
que caballero está en ella   que sabrá muy bien guardalla.
—¿Quién es este caballero   que tanta honra ganara?
—Don Rodrigo es de León,   marqués de Cádiz se llama;
otro es Martín Galindo,   que primero echó el escala.
Luego se van para Alhama,   que de ellos non se da nada;
combátenla prestamente,   ella está bien defensada.
De que el rey no pudo más,   triste se volvió a Granada.

13. ROMANCE DE LA PÉRDIDA DE ALHAMA

Paseábase el rey moro   por la ciudad de Granada
desde la puerta de Elvira   hasta la de Vivarrambla.
—¡Ay de mi Alhama!—
Cartas le fueron venidas   que Alhama era ganada.

Las cartas echó al fuego, y al mensajero matara.
—¡Ay de mi Alhama!—
Descabalga de una mula y en un caballo cabalga;
por el Zacatín arriba subido se había al Alhambra.
—¡Ay de mi Alhama!—
Como en el Alhambra estuvo, al mismo punto mandaba
que se toquen sus trompetas, sus añafiles de plata.
—¡Ay de mi Alhama!—
Y que las cajas de guerra apriesa toquen el arma,
porque lo oigan sus moros, los de la vega y Granada.
—¡Ay de mi Alhama!—
Los moros, que el son oyeron que al sangriento Marte llama,
uno a uno y dos a dos juntado se ha gran batalla.
—¡Ay de mi Alhama!—
Allí habló un moro viejo, de esta manera hablara:
—¿Para qué nos llamas, rey? ¿Para qué es esta llamada?
—¡Ay de mi Alhama!—
—Habéis de saber, amigos, una nueva desdichada:
que cristianos de braveza ya nos han ganado Alhama.
—¡Ay de mi Alhama!—
Allí habló un alfaquí[16], de barba crecida y cana:
—¡Bien se te emplea, buen rey, buen rey, bien se te empleara!
—¡Ay de mi Alhama!—
Mataste los Bencerrajes, que eran la flor de Granada,
cogiste los tornadizos de Córdoba la nombrada.
—¡Ay de mi Alhama!—
Por eso mereces, rey, una pena muy doblada:
que te pierdas tú y el reino, y aquí se pierda Granada.
—¡Ay de mi Alhama!—

14. ROMANCE DE SAYAVEDRA

¡Río Verde, río Verde, más negro vas que la tinta!
Entre ti y Sierra Bermeja murió gran caballería.
Mataron a Ordiales, Sayavedra huyendo iba;
con el temor de los moros entre un jaral se metía.
Tres días ha, con sus noches, que bocado no comía;
aquejábale la sed y la hambre que tenía.
Por buscar algún remedio al camino se salía:
visto lo habían los moros que andan por la serranía.
Los moros, desque lo vieron, luego para él se venían.
Unos dicen: —¡Muera, muera!, otros dicen: —¡Viva, viva!
Tómanle entre todos ellos, bien acompañado iba.
Allá le van a presentar al rey de la morería.

---

[16] *alfaquí*: doctor de la ley, entre los musulmanes.

Desque el rey moro lo vido, bien oiréis lo que decía:
—¿Quién es ese caballero que ha escapado con la vida?
—Sayavedra es, señor, Sayavedra el de Sevilla;
el que mataba tus moros y tu gente destruía,
el que hacía cabalgadas y se encerraba en su manida.
Allí hablara el rey moro, bien oiréis lo que decía:
—Dígasme tú, Sayavedra, si Alá te alargue la vida,
si en tu tierra me tuvieses, ¿qué honra tú me harías?
Allí habló Sayavedra, de esta suerte le decía:
—Yo te lo diré, señor, nada no te mentiría:
si cristiano te tornases, grande honra te haría;
y si así no lo hicieses, muy bien te castigaría:
la cabeza de los hombros luego te la cortaría.
—Calles, calles, Sayavedra, cese tu malenconía[17];
tórnate moro si quieres, y verás qué te daría:
darte he villas y castillos, y joyas de gran valía.
Gran pesar ha Sayavedra de esto que decir oía.
Con una voz rigurosa, de esta suerte respondía:
—Muera, muera Sayavedra; la fe no renegaría,
que mientras vida tuviere la fe yo defendería.
Allí hablara el rey moro, y de esta suerte decía:
—Prendedlo, mis caballeros, y dél me haced justicia.
Echó mano a su espada, de todos se defendía;
mas como era uno solo, allí hizo fin su vida.

15. ROMANCE DEL CERCO DE BAZA

Sobre Baza estaba el rey, lunes, después de yantar.
Miraba las ricas tiendas que estaban en su real,
miraba las huertas grandes y miraba el arrabal,
miraba el adarve[18] fuerte que tenía la ciudad,
miraba las torres espesas que no las puede contar.
Un moro tras una almena comenzóle de fablar;
—Vete, el rey don Fernando, non querrás aquí envernar[19],
que los fríos desta tierra no los podrás comportar[20].
Pan tenemos por diez años, mil vacas para salar;
veinte mil moros hay dentro, todos de armas tomar,
ochocientos de caballo para el escaramuzar;
siete caudillos tenemos, tan buenos como Roldán,
y juramento tienen fecho antes morir que se dar.

---

[17] *malenconía*: melancolía.

[18] *adarve*: camino situado en lo alto de la muralla, detrás de las almenas.

[19] *envernar*: invernar.

[20] *comportar*: soportar.

V
ROMANCES NOVELESCOS

1. ROMANCE DEL PRISIONERO

Que por mayo era, por mayo,   cuando hace la calor,
cuando los trigos encañan   y están los campos en flor,
cuando canta la calandria   y responde el ruiseñor,
cuando los enamorados   van a servir al amor,
sino yo, triste, cuitado,   que vivo en esta prisión,
que ni sé cuándo es de día   ni cuándo las noches son,
sino por una avecilla   que me cantaba al albor[1].
Matómela un ballestero;   dele Dios mal galardón.

2. ROMANCE DE ROSA FRESCA

Rosa fresca, rosa fresca,   tan garrida y con amor,
cuando vos tuve en mis brazos   no vos supe servir, no;
y agora que os serviría   no vos puedo haber, no.
—Vuestra fue la culpa, amigo,   vuestra fue, que mía no;
enviásteisme una carta   con un vuestro servidor,
y en lugar de recaudar   él dijera otra razón:
que érades casado, amigo,   allá en tierras de León;
que tenéis mujer hermosa   y hijos como una flor.
—Quien os los dijo, señora,   no vos dijo verdad, no,
que yo nunca entré en Castilla   ni allá en tierras de León,
sino cuando era pequeño   que no sabía de amor.

3. ROMANCE DE FONTEFRIDA

Fontefrida, fontefrida,   fontefrida y con amor,
do todas las avecicas   van tomar consolación,
si no es la tortolica   que está viuda y con dolor.
Por allí fuera pasar   el traidor del ruiseñor,

[1] *albor*: amanecer.

las palabras que le dice llenas son de traición:
—Si tú quisieses, señora, yo sería tu servidor.
—Vete de ahí, enemigo, malo, falso, engañador,
que ni poso en ramo verde, ni en prado que tenga flor;
que si el agua hallo clara, turbia la bebía yo;
que no quiero haber marido, porque hijos no haya, no;
no quiero placer con ellos, ni menos consolación.
Déjame, triste enemigo, malo, falso, mal traidor,
que no quiero ser tu amiga ni casar contigo, no.

4. ROMANCE DE LA AMIGA MUERTA

En los tiempos que me vi más alegre y placentero,
yo me partiera de Burgos para ir a Valladolid:
encontré con un palmero[2], él me habló, y dijo así:
—¿Dónde vas tú, el desdichado? ¿Dónde vas, triste de ti?
¡Oh persona desdichada, en mal punto te conocí!
Muerta es tu enamorada, muerta es, que yo la vi;
las andas en que la llevan de negro las vi cubrir,
los responsos que le dicen yo los ayudé a decir;
siete condes la lloraban, caballeros más de mil,
llorábanla sus doncellas, llorando dicen así:
¡Triste de aquel caballero que tal pérdida pierde aquí!
Desque aquesto oí, mezquino, en tierra muerto caí;
desde aquellas dos horas no tornara, triste, en mí.
Desque hube retornado a la sepultura fui,
con lágrimas de mis ojos llorando decía así:
—Acógeme, mi señora, acógeme a par de ti.
Al cabo de la sepultura una triste voz oí:
—Vive, vive, enamorado, vive, pues que yo morí:
Dios te dé ventura en armas, y en amores otro que sí,
que el cuerpo come la tierra, y el alma pena por ti.

5. COMPAÑERO, COMPAÑERO

—Compañero, compañero, casóse mi linda amiga,
casóse con un villano, que es lo que más me dolía.
Irme quiero a tornar moro allende la morería,
cristiano que allá pasare yo le quitaré la vida.
—No lo hagas, compañero, no lo hagas, por tu vida.
De tres hermanas que tengo darte he yo la más garrida,
si la quieres, por mujer, si la quieres, por amiga.

---

[2] *palmero*: peregrino.

—Ni la quiero por mujer, ni la quiero por amiga,
pues que no pude gozar de aquella que más quería.

6. ROMANCE DEL ENAMORADO Y LA MUERTE

Un sueño soñaba anoche, soñito del alma mía,
soñaba con mis amores que en mis brazos los tenía.
Vi entrar señora tan blanca muy más que la nieve fría.
—¿Por dónde has entrado, amor? ¿Cómo has entrado, mi vida?
Las puertas están cerradas, ventanas y celosías.
—No soy el amor, amante: la Muerte que Dios te envía.
—¡Ay Muerte tan rigurosa, déjame vivir un día!
—¡Un día no puede ser!, una hora tienes de vida.
Muy de prisa se calzaba, más de prisa se vestía;
ya se va para la calle, en donde su amor vivía.
—¡Ábreme la puerta, blanca, ábreme la puerta, niña!
—¿Cómo te podré yo abrir si la ocasión no es venida?
Mi padre no fue al palacio, mi madre no está dormida.
—Si no me abres esta noche, ya no me abrirás, querida;
la Muerte me está buscando, junto a ti vida sería.
—Vete bajo la ventana donde labraba y cosía,
te echaré cordón de seda para que subas arriba,
y si el cordón no alcanzare mis trenzas añadiría.
La fina seda se rompe; la Muerte que allí venía:
—Vamos, el enamorado, que la hora ya está cumplida.

7. ROMANCE DEL AMOR MÁS PODEROSO QUE LA MUERTE

Conde Niño por amores es niño y pasó la mar;
va a dar agua a su caballo la mañana de San Juan.
Mientras el caballo bebe, él canta dulce cantar;
todas las aves del cielo se paraban a escuchar,
caminante que camina olvida su caminar,
navegante que navega la nave vuelve hacia allá.
La reina estaba labrando, la hija durmiendo está:
—Levantaos, Albaniña, de vuestro dulce folgar,
sentiréis cantar hermoso la sirenita del mar.
—No es la sirenita, madre, la de tan bello cantar,
si no es el conde Niño que por mí quiere finar.
¡Quién le pudiese valer en su tan triste penar!
—Si por tus amores pena, ¡oh, mal haya su cantar!,
y por que nunca los goce, yo le mandaré matar.

—Si le manda matar, madre, juntos nos han de enterrar.
Él murió a la medianoche, ella a los gallos cantar;
a ella, como hija de reyes, la entierran en el altar;
a él, como hijo de conde, unos pasos más atrás.
De ella nació un rosal blanco, dél nació un espino albar;
crece el uno, crece el otro, los dos se van a juntar;
las ramitas que se alcanzan fuertes abrazos se dan,
y las que no se alcanzaban no dejan de suspirar.
La reina, llena de envidia, ambos los mandó cortar;
el galán que los cortaba no cesaba de llorar.
De ella naciera una garza, dél un fuerte gavilán:
juntos vuelan por el cielo, juntos vuelan par a par.

VI
ROMANCES CABALLERESCOS SUELTOS

1. ROMANCE DE RICO FRANCO

A caza iban, a caza, los cazadores del rey,
ni fallaban ellos caza, ni fallaban qué traer;
perdido habían los halcones, ¡mal los amenaza el rey!
Arrimáranse a un castillo que se llamaba Mainés.
Dentro estaba una doncella muy fermosa y muy cortés;
siete condes la demandan, y así facían tres reyes.
Robárala Rico Franco, Rico Franco aragonés;
llorando iba la doncella de sus ojos tan cortés.
Falábala[1] Rico Franco, Rico Franco aragonés:
—Si lloras tu padre o madre, nunca más vos los veréis,
si lloras los tus hermanos, yo los maté todos tres.
—Ni lloro padre ni madre, ni hermanos todos tres.
mas lloro la mi ventura que no sé cuál ha de ser.
Prestédesme, Rico Franco, vuestro cuchillo lugés[2],
cortaré fitas[3] al manto, que no son para traer.
Rico Franco, de cortese, por las cachas lo fue tender,
la doncella, que era artera, por los pechos se lo fue a meter;
así vengo padre y madre, y aun hermanos todos tres.

2. ROMANCE DE MARQUILLOS

¡Cuán traidor eres, Marquillos, cuán traidor de corazón!
Por dormir con tu señora, habías muerto a tu señor.
Desque lo tuviste muerto quitástele el chapirón[4];
fuéraste al castillo fuerte donde está la Blancaflor.
—Ábreme, linda señora, que aquí viene mi señor;
si no lo queréis creer, veis aquí su chapirón.

---

1 *falábala*: hablábala.
2 *lugés*: de Lucca, Italia.
3 *fitas*: adornos metálicos.
4 *chapirón*: capucha.

Blancaflor, desque lo viera, las puertas luego le abrió:
echóle brazos al cuello, allí luego la besó;
abrazándola y besando a un palacio la metió.
—Marquillos, por Dios te ruego que me otorgases un don:
que no durmieses conmigo hasta que rayase el sol.
Marquillos, como es hidalgo, el don luego le otorgó;
como viene tan cansado en llegando se adurmió.
Levantóse muy ligera la hermosa Blancaflor;
tomara cuchillo en mano y a Marquillos degolló.

3. ROMANCE DE LA LINDA MELISENDA

Todas las gentes dormían en las que Dios tiene parte,
mas no duerme Melisenda la hija del emperante;
que amores del conde Ayruelo no la dejan reposar.
Salto diera de la cama como la parió su madre,
vistiérase una alcandora[5] no hallando su brial;
vase para los palacios donde sus damas están,
dando palmadas en ellas las empezó de llamar:
—Si dormís, las mis doncellas, si dormides, recordad;
las que sabedes de amores consejo me queráis dar;
las que de amores non sabedes tengádesme poridad[6]:
amores del conde Ayruelo no me dejan reposar.
Allí hablara una vieja, vieja es de antigua edad:
—Agora es tiempo, señora, de los placeres tomar,
que si esperáis a vejez no vos querrá un rapaz.
Desque esto oyó Melisenda no quiso más esperar,
y vase a buscar al conde a los palacios do está.
Topara con Hernandillo, un alguacil de su padre.
—¿Qué es aquesto, Melisenda? ¿Esto qué podía estar?
¡O vos tenéis, mal de amores, o os queréis loca tornar!
—Que no tengo mal de amores, ni tengo por quien penar,
mas cuando fui pequeña tuve una enfermedad.
Prometí tener novenas allá en San Juan de Letrán:
las dueñas iban de día, doncellas agora van.
Desque esto oyera Hernando puso fin a su hablar;
la infanta mal enojada queriendo dél se vengar:
—Prestásesme, dijo a Hernando, prestásesme tu puñal
que miedo me tengo, miedo de los perros de la calle.
Tomó el puñal por la punta, los cabos le fue a dar:
diérale tal puñalada que en el suelo muerto cae.

[5] *alcandora*: camisa.
[6] *poridad*: secreto.

Y vase para el palacio a do el conde Ayruelo está;
las puertas halló cerradas, no sabe por do entrar;
con arte de encantamiento las abrió de par en par.
Al estruendo el conde Ayruelo empezara de llamar:
—Socorred, mis caballeros, socorred sin más tardar;
creo son mis enemigos, que me vienen a matar.
La Melisenda discreta le empezara de hablar:
—No te acongojes, señor, no quieras pavor tomar,
que yo soy una morica venida de allende el mar.
Desque esto oyera el conde, luego conocido la ha:
fuese el conde para ella, las manos le fue a tomar,
y a la sombra de un laurel de Venus es su jugar.

4. ROMANCE DE MORÏANA

Morïana en un castillo juega con el moro Galván;
juegan los dos a las tablas por mayor placer tomar.
Cada vez que el moro pierde bien perdía una ciudad;
cuando Morïana pierde la mano le da a besar;
del placer que el moro toma adormescido se ha.
Por aquellos altos montes caballero vio asomar:
llorando viene y gimiendo, las uñas corriendo sangre,
de amores de Morïana, hija del rey Morián.
Cautiváronla los moros la mañana de San Juan,
cogiendo rosas y flores en la huerta de su padre.
Alzó los ojos Morïana, conociéralo en mirarle:
lágrimas de los sus ojos en la faz del moro dan.
Con pavor recuerda el moro y empezara de fablar:
—¿Qué es esto, la mi señora? ¿Quién vos ha fecho pesar?
Si os enojaron mis moros luego los faré matar;
o si las vuesas doncellas, farélas bien castigar;
y si pesar los cristianos, yo los iré conquistar.
—No me enojaron los moros, ni los mandedes matar,
ni menos las mis doncellas por mí reciban pesar;
ni tampoco a los cristianos vos cumple de conquistar,
pero de este sentimiento quiero vos decir verdad:
que por los montes aquellos caballero vi asomar,
el cual pienso que es mi esposo, mi querido, mi amor grande.
Alzó la su mano el moro, un bofetón le fue a dar:
teniendo los dientes blancos de sangre vuelto los ha,
y mandó que sus porteros la lleven a degollar,
allí do viera a su esposo, en aquel mismo lugar.
Al tiempo de la su muerte estas voces fue a fablar:
—Yo muero como cristiana, y también sin confesar
mis amores verdaderos de mi esposo natural.

5. ARRIBA, CANES, ARRIBA

—¡Arriba, canes, arriba, que rabia mala os mate!
En jueves matáis el puerco y en viernes coméis la carne.
Ay, que hoy hace los siete años que ando por este valle,
pues traigo los pies descalzos, las uñas corriendo sangre;
pues como las carnes crudas y bebo la roja sangre,
buscando, triste, a Julianesa, la hija del emperante,
pues me la han tomado moros, mañanica de San Juan,
cogiendo rosas y flores en un vergel de su padre.
Oídolo ha Julianesa, que en brazos del moro está;
las lágrimas de sus ojos al moro dan en la faz.

6. LA CONSTANCIA

Mis arreos son las armas, mi descanso es pelear,
mi cama las duras peñas, mi dormir siempre velar.
Las manidas[7] son oscuras, los caminos por usar,
el cielo con su mudanzas ha por bien de me dañar,
andando de sierra en sierra por orillas de la mar,
por probar si mi ventura hay lugar donde avadar[8].
Pero por vos, mi señora, todo se ha de comportar.

7. ROMANCE DEL REY MORO

—¡Oh Valencia, oh Valencia! ¡Oh Valencia valenciana!
Un tiempo fuiste de moros, y ahora eres cristiana:
no pasará mucho tiempo de moros serás tornada,
que al rey de los cristianos yo le cortaré la barba,
a la su esposa la reina la tomaré por criada,
y a la su hija bonita la tomaré por mi dama.
Ya quiso el Dios de los cielos que el buen rey se lo escuchaba;
va al palacio de la infanta que en el lecho descansaba.
—¡Hija de mi corazón! ¡Oh hija de mis entrañas!
Levántate al mismo punto, ponte la ropa de Pascua,
y vete hacia el rey moro, y entreténlo con palabras.
—¿Me dirías, buena niña, cómo estás tan descuidada?
—Mi padre está en la pelea, mi madre al lecho descansa,
y mi hermano mayor lo han muerto en la campaña.
—¿Me dirías, buena niña, qué ruido es que sonaba?
—Son los pajes de mi padre que al caballo dan cebada.

---

[7] *manida*: guarida, lugar donde un hombre o un animal se recoge.

[8] *avadar*: vadear.

—¿Me dirías, buena niña,   adónde van tantas armas?
—Son los pajes de mi padre   que vienen de la campaña.
No pasó espacio de una hora   que al rey moro lo ligaban.
—¿Me dirías, buena niña,   qué pena me será dada?
—La pena que merecías;   mereces que te quemaran,
y la ceniza que harás,   merece ser aventada.

8. LAS DOS HERMANAS

—Moro, si vas a la España,   traerás una cautiva,
no sea blanca ni fea,   ni gente de villanía.
Ve venir al conde Flores   que viene de la capilla,
viene de pedir a Dios   que le dé un hijo o una hija.
—Conde Flores, conde Flores,   tu mujer será cautiva.
—No será cautiva, no,   antes perderé la vida.
Cuando partió el conde Flores   su mujer quedó cautiva.
—Aquí traigo, reina mora,   una cristiana muy linda,
que no es blanca ni fea,   ni gente de villanía,
no es mujer de ningún rey,   lo es del conde de Castilla.
—De las esclavas que tengo   tú serás la más querida,
aquí te entrego mis llaves   para hacer la mi cocina.
—Yo las tomaré, señora,   pues tan gran dicha es la mía.
La reina estaba preñada,   la cautiva estaba encinta;
quiso Dios y la fortuna,   las dos parieron un día.
La reina parió en el trono,   la esclava en tierra paría,
una hija parió la reina,   la esclava un hijo paría;
las comadronas son falsas,   truecan el niño y la niña;
a la reina dan el hijo,   la esclava toma la hija.
Cuando un día la apañaba,   estas palabras decía:
—No llores, hija, no llores,   hija mía y no parida,
que si fuese a las mis tierras   muy bien te bautizaría,
y te pondría por nombre   María Flor de la vida,
que yo tenía una hermana   que este nombre se decía,
que yo tenía una hermana,   de moros era cautiva,
que fueron a cautivarla   una mañanita fría
cogiendo rosas y flores   en un jardín que tenía.
La reina ya lo escuchó   del cuarto donde dormía.
Ya la enviaba a buscar   por un negro que tenía:
—¿Qué dices, la linda esclava?   ¿Qué dices, linda cautiva?
—Palabras que hablo, señora,   yo también te las diría:
No llores, hija no llores,   hija mía y no parida...
—Si aquesto fuese verdad   hermana mía serías.
—Aquesto es verdad, señora,   como el día en que nacía.
Ya se abrazaban las dos   con grande llanto que había,
el rey moro lo escuchó   del cuarto donde escribía,

ya las envía a buscar   por un negro que tenía:
—¿Qué lloras, regalo mío?   ¿qué lloras, la prenda mía?
Tratábamos de casaros   con lo mejor de Turquía.
Ya le respondió la reina,   estas palabras decía:
—No quiero mezclar mi sangre   con la de perros maldita.
Un día mientras paseaban   con su hijo y con su hija,
hecho convenio las dos,   a su tierra se volvían.

9. ROMANCE QUE DICE: MI PADRE ERA DE RONDA

Mi padre era de Ronda   y mi madre de Antequera;
cautiváronme los moros   entre la paz y la guerra,
y lleváronme a vender   a Jerez de la Frontera.
Siete días con su noches   anduve en almoneda[9]:
no hubo moro ni mora   que por mí diese moneda,
si no fuera un moro perro   que por mí cien doblas diera,
y lleváράme a su casa,   y echárame una cadena.
Dábame la vida mala,   dábame la vida negra:
de día, majar esparto,   de noche, moler cibera[10],
y echóme un freno a la boca,   porque no comiese de ella,
mi cabello retorcido,   y tornóme a la cadena.
Pero plugo a Dios del cielo   que tenía el ama buena;
cuando el moro se iba de caza   quitábame la cadena
y echárame en su regazo   y espulgóme la cabeza.
Por un placer que le hice   otro muy mayor me hiciera:
diérame los cien doblones   y enviárame a mi tierra.
Y así plugo a Dios del cielo   que en salvo me pusiera.

10. YO ME ERA MORA MORAIMA

Yo me era mora Moraima,   morilla de un bel catar[11]:
cristiano vino a mi puerta,   cuitada, por me engañar.
Hablóme en algarabía[12]   como aquel que la bien sabe:
—Ábrasme las puertas, mora,   sí[13] Alá te guarde de mal.
—¿Cómo te abriré, mezquina,   que no sé quién te serás?
—Yo soy el moro Mazote,   hermano de la tu madre,
que un cristiano dejo muerto,   tras mí venía el alcalde.

[9] *almoneda*: local donde se realiza la venta.

[10] *cibera*: porción de grano que se echa en la tolva del molino para cebar la rueda.

[11] *bel catar*: de bello mirar, hermosa.

[12] *algarabía*: lengua árabe.

[13] *sí*: con valor de "así".

Si no me abres tú, mi vida, aquí me verás matar.
Cuando esto oí, cuitada, comencéme a levantar,
vistiérame una almejía[14] no hallando mi brial,
fuérame para la puerta y abríla de par en par.

11. ROMANCE DE DON GARCÍA

Atal[15] anda don García por un adarve adelante,
saetas de oro en la mano, en la otra un arco trae,
maldiciendo a la fortuna, grandes querellas le dae:
—Crióme el rey de pequeño, hízome Dios barragán[16],
diome armas y caballo, por do todo hombre más vale,
diérame a doña María por mujer y por iguale,
diérame a cien doncellas para ella acompañare,
diome el castillo de Ureña para con ella casare;
diérame cien caballeros para el castillo guardare,
basteciómele de vino, basteciómele de pane,
basteciólé de agua dulce, que en el castillo no la haye.
Cercáronmelo los moros la mañana de San Juane;
siete años son pasados, el cerco no quieren quitare,
veo morir a los míos, no teniendo que les dare,
póngolos por las almenas, armados como se estane,
por que pensasen los moros que podrían peleare.
En el castillo de Ureña no hay sino sólo un pane,
si le doy a los mis hijos, la mi mujer ¿qué harae?,
si lo como yo, mezquino, los míos se quejarán.
Hizo el pan cuatro pedazos y arrojólos al reale:
el un pedazo de aquellos a los pies del rey fue a dare.
—Alá pese a mis moros, Alá le quiera pesare,
de las sobras del castillo nos bastecen el reale.
Manda tocar los clarines y su cerco luego alzare.

12. EL CONDE SOL

Grandes guerras se publican entre España y Portugal:
pena de la vida tiene quien no se quiera embarcar.
Al conde del Sol le nombran por capitán general;
del rey se fue a despedir, de su esposa otro que tal.
La condesa, que era niña, todo se le va en llorar:
—Dime, conde, ¿cuántos años tienes de echar por allá?

[14] *almejía*: manto pequeño.

[15] *atal*: así, tal.

[16] *barragán*: fuerte, valeroso.

—Si a los seis años no vuelvo,   condesa, os podréis casar.
Pasan los seis y los ocho,   pasan diez y pasan más,
y el conde Sol no tornaba   ni nuevas suyas fue a dar.
Estando en su estancia sola,   fuela el padre a visitar:
—¿Qué tienes, hija querida,   que no cesas de llorar?
—Padre de toda mi alma,   por la Santa Trinidad,
que me queráis dar licencia   para al conde ir a encontrar.
—Mi licencia tenéis, hija,   haced vuestra voluntad.
La condesa al otro día   al conde se fue a buscar,
triste, por Italia y Francia,   por la tierra y por la mar.
Ya estaba desesperada,   ya se torna para acá,
cuando gran vacada un día   divisó allá en un pinar.
—Vaquerito, vaquerito,   por la Santa Trinidad,
que me niegues la mentira   y me digas la verdad:
¿De quién son estas vaquitas   que en estos montes están?
—Del conde Sol, son, señora,   que manda en este lugar.
—¿Y de quién son esos trigos   que cerca están de segar?
—Señora, del mismo conde,   porque los hizo sembrar.
—¿Y de quién tantas ovejas   que a corderos dan mamar?
—Señora, del conde Sol,   porque los hizo criar.
—¿De quién, dime, esos jardines   y ese palacio real?
—Son del mismo caballero;   porque allí suele habitar.
—¿De quién, de quién los caballos   que se oyen relinchar?
—Del conde Sol, que suele   sobre ellos ir a cazar.
—¿Y quién es aquella dama   que un hombre abrazando está?
—La desposada señora   con que el conde va a casar.
—Vaquerito, vaquerito,   por la santa Soledad,
toma mi ropa de seda,   y vísteme tu sayal,
que ya hallé lo que buscaba,   no lo quiero, no, dejar;
agárrame de la mano   y a su puerta me pondrás,
que a pedirle voy limosna,   por Dios, si la quiere dar.
Desque estuvo la condesa   del palacio en el umbral,
una limosnica pide   que se la den por piedad,
y fue tanta su ventura,   aun más que era de esperar,
que la limosna demanda   y el conde se la fue a dar.
—¿De dónde eres, peregrina?   —Soy de España natural.
—¿Cómo llegaste aquí?   —Vine mi esposo a buscar,
por tierra pisando abrojos,   pasando riesgos en mar,
y cuando le hallé, señor,   supe que olvidó a su esposa,
su esposa que por buscalle   cuerpo y alma fue a arriesgar.
—¡Romerica, romerica,   calledes, no digas tal,
que eres el diablo, sin duda,   que me vienes a tentar!
—No soy el diablo, buen conde,   ni yo te quiero enojar;
soy tu mujer verdadera,   y así te vine a buscar.
El conde cuando esto oyera,   sin un punto más tardar,
un caballo muy ligero   ha mandado aparejar

con cascabeles de plata guarnido todo el pretal[17];
con los estribos de oro, las espuelas otro tal,
y cabalgando de un salto, a su esposa fue a tomar,
que de alegría y contento no cesaba de llorar.
Corriendo iba, corriendo, corriendo va sin parar,
hasta que llegó al castillo donde es señor natural.
Quedádose ha la novia vestidica y sin casar,
que quien de lo ajeno viste, desnudo suele quedar.

13. DE BLANCA NIÑA

—Blanca sois, señora mía, más que el rayo del sol:
¿si la dormiré esta noche desarmado y sin pavor?
Que siete años había, siete, que no me desarmo, no,
más negras tengo mis carnes que un tiznado carbón.
—Dormidla, señor, dormidla, desarmado sin temor,
que el conde es ido a la caza a los montes de León.
—Rabia le mate los perros y águilas el su halcón,
y del monte hasta casa a él arrastre el morón[18].
Ellos en aquesto estando su marido que llegó:
—¿Qué hacéis, la blanca niña, hija de padre traidor?
—Señor, peino mis cabelos, péinolos con gran dolor,
que me dejéis a mí sola y a los montes os vais vos.
—Esa palabra, la niña, no era sino traición:
¿cúyo es aquel caballo que allá bajo relinchó?
—Señor, era de mi padre, y envióslo para vos.
—¿Cúyas son aquellas armas que están en el corredor?
—Señor, eran de mi hermano, y hoy os las envió.
—¿Cúya es aquella lanza, desde aquí la veo yo?
—Tomadla, conde, tomadla, matadme con ella vos,
que aquesta muerte, buen conde, bien os la merezco yo.

14. ROMANCE DE CATALINA

Yo me adamé[19] una amiga dentro en mi corazón;
Catalina había por nombre, no la puedo olvidar, no.
Rogóme que la llevase a las tierras de Aragón.
—Catalina, sois muchacha, no podréis caminar, no.
—Tanto andaré, el caballero, tanto andaré como vos;
si lo dejáis por dineros, llevaré para los dos:

[17] *pretal*: petral, correa que ciñe y rodea el pecho del caballo.

[18] *morón*: desprendimiento de piedras.

[19] *adamé*: amé con vehemencia.

ducados para Castilla,   florines para Aragón.
Ellos en aquesto estando,   la justicia que llegó.

15. ROMANCE DE LA BELLA MAL MARIDADA

—La bella mal maridada,   de las lindas que yo vi,
véote tan triste, enojada: la verdad dila tú a mí.
Si has de tomar amores,   por otro no dejes a mí,
que a tu marido, señora,   con otras dueñas lo vi,
besando y retozando   mucho mal dice de ti:
juraba y perjuraba   que te había de ferir.
Allí habló la señora,   allí habló y dijo así:
—Sácame tú, el caballero,   tú sacásesme de aquí;
por las tierras donde fueres   bien te sabría yo servir;
yo te haría bien la cama   en que hayamos de dormir,
yo te guisaré la cena   como a caballero gentil,
de gallinas y de capones   y otras cosas más de mil;
que a este mi marido   ya no le puedo sufrir,
que me da muy mala vida   cual vos bien podéis oír.
Ellos en aquesto estando,   su marido helo aquí:
—¿Qué hacéis, mala traidora?   ¡Hoy habedes de morir!
—¿Y por qué, señor, por qué?,   que nunca os lo merecí.
Nunca besé a hombre,   mas hombre besó a mí;
las penas que él merecía,   señor, dadlas vos a mí:
con riendas de tu caballo,   señor, azotes a mí;
con cordones de oro y sirgo[20]   viva ahorques a mí;
en la huerta de los naranjos   viva entierres tú a mí,
en sepultura de oro   y labrada de marfil;
y pongas encima un mote,   señor, que diga así:
"Aquí está la flor de las flores,   por amores murió aquí:
cualquier que muere de amores   mándese enterrar aquí,
que así hice yo, mezquina,   que por amar me perdí."

16. LA ERMITA DE SAN ANTONIO

En Sevilla está una ermita   cual dicen de San Simón,
adonde todas las damas   iban a hacer oración.
Allá va la mi señora,   sobre todas la mejor,
saya lleva sobre saya,   mantillo de un tornasol,
en la su boca muy linda   lleva un poco de dulzor,
en la su cara muy blanca   lleva un poco de color,

[20] *sirgo*: seda retorcida.

y en los ojuelos garzos[21]   lleva un poco de alcohol[22], *101*
a la entrada de la ermita,   relumbrando como el sol.
El abad que dice misa   no la puede decir, non,
monacillos que le ayudan   no aciertan responder, non,
por decir: amén, amén,   decían: amor, amor.

[21] *garzos*: de color azulado.
[22] *alcohol*: polvo usado para oscurecer los ojos.

VII
ROMANCES DEL CICLO ARTÚRICO

1. ROMANCE DE DON TRISTÁN

Ferido está don Tristán de una mala lanzada;
diérasela el rey, su tío, por celos que dél cataba;
el fierro tiene en el cuerpo, de fuera le tiembla el asta.
Valo a ver la reina Iseo por la su desdicha mala.
Júntanse boca con boca cuanto una misa rezada,
llora el uno, llora el otro, la cama bañan en agua.
Allí nace un arboledo que azucena se llamaba,
cualquier mujer que la come luego se siente preñada;
comiérala reina Iseo, por la su desdicha mala.

2. ROMANCE DE LANZAROTE Y EL CIERVO

Tres hijuelos había el rey, tres hijuelos, que no más.
Por enojo que hubo de ellos todos maldito los ha:
el uno se tornó ciervo, el otro se tornó can,
el otro se tornó moro, pasó las aguas del mar.
Andábase Lanzarote entre las damas holgando,
grandes voces dio la una: —Caballero, estad parado:
si fuese la mi ventura, cumplido fuese mi hado
que yo casase con vos y vos conmigo de grado,
y me diésedes en arras aquel ciervo del pie blanco.
—Dároslo he yo, mi señora, de corazón y de grado,
y supiese yo las tierras donde el ciervo era criado.
Ya cabalga Lanzarote, ya cabalga y va su vía;
delante de sí llevaba los sabuesos por la traílla[1].
Llegado había a una ermita donde un ermitaño había:
—Dios te salve, el hombre bueno. —Buena sea tu venida:
cazador me parecéis en los sabuesos que traía.
—Dígasme tú, el ermitaño, tú que haces santa vida,

[1] *traílla*: correa con que se lleva a los perros atados en las cacerías.

ese ciervo del pie blanco ¿dónde hace su manida?
—Quedaios aquí, mi hijo, hasta que sea de día;
contaros he lo que vi, y todo lo que sabía:
por aquí pasó esta noche, dos horas antes del día,
siete leones con él y una leona parida.
Siete conde deja muertos, y mucha caballería.
Siempre Dios te guarde, hijo, por doquier que fuer tu ida,
que quien acá te envió no te quería dar la vida.
—¡Ay, dueña de Quintañones, de mal fuego seas ardida,
que tanto buen caballero por ti ha perdido la vida!

3. ROMANCE DE LANZAROTE Y EL ORGULLOSO

Nunca fuera caballero de damas tan bien servido,
como fuera Lanzarote cuando de Bretaña vino,
que dueñas curaban dél, doncellas del su rocino.
Esa dueña Quintañona, ésa le escanciaba el vino,
la linda reina Ginebra se lo acostaba consigo;
y estando al mejor sabor, que sueño no había dormido,
la reina toda turbada un pleito ha conmovido.
—Lanzarote, Lanzarote, si antes hubieres venido
no hablara el orgulloso las palabras que había dicho,
que a pesar de vos, señor, se acostaría conmigo.
Ya se arma Lanzarote de gran pesar conmovido,
despídese de su amiga, pregunta por el camino.
Topó con el orgulloso debajo de un verde pino,
combátense de las lanzas, a las hachas han venido.
Ya desmaya el orgulloso, ya cae en tierra tendido.
Cortárale la cabeza, sin hacer ningún partido;
vuélvese para su amiga donde fue bien recibido.

4. ROMANCE DEL INFANTE VENGADOR

Helo, helo, por do viene el infante vengador,
caballero a la jineta en un caballo corredor,
su manto revuelto al brazo, demudada la color,
y en la mano derecha un venablo cortador;
con la punta del venablo sacaría un arador[2],
siete veces fue templado en la sangre de un dragón,
y otras tantas fue afilado porque cortase mejor;

---

[2] *arador*: tan delgada y afilada que se podría usar para sacar un arador (parásito) de debajo de la piel.

el hierro fue hecho en Francia y el asta en Aragón.
Perfilándoselo iba en las alas de su halcón.
Iba buscar a don Cuadros, a don Cuadros, el traidor.
Allá le fuera a hallar junto al emperador,
la vara tiene en la mano, que era justicia mayor.
Siete veces lo pensaba, si lo tiraría o no,
y al cabo de las ocho el venablo le arrojó;
por dar al dicho don Cuadros, dado ha al emperador:
pasado le ha manto y sayo, que era de un tornasol,
por el suelo ladrillado más de un palmo lo metió.
Allí le habló el rey, bien oiréis lo que habló:
—¿Por qué me tiraste, infante? ¿Por qué me tiras, traidor?
—Perdóneme tu alteza, que no tiraba a ti, no:
tiraba al traidor de Cuadros, ese falso engañador,
que siete hermanos tenía, no ha dejado si a mí[3], no;
por eso delante de ti, buen rey, lo desafio yo.
Todos fían a don Cuadros, y al infante no fían, no,
sino fuera una doncella, hija es del emperador,
que los tomó por la mano y en el campo los metió.
A los primeros encuentros Cuadros en tierra cayó.
Apeárase el infante, la cabeza le cortó,
y tomárala en su lanza, y al buen rey la presentó.
De que aquesto vido el rey con su hija le casó.

5. ROMANCE DE LA INFANTINA

A cazar va el caballero, a cazar como solía;
los perros lleva cansados, el falcón perdido había;
arrimárase a un roble, alto es a maravilla.
En una rama más alta, viera estar una infantina;
cabellos de su cabeza todo el roble cubrían.
—No te espantes, caballero, ni tengas tamaña grima[4].
Fija soy yo del buen rey y de la reina de Castilla:
siete fadas me fadaron[5] en brazos de una ama mía,
que andase los siete años sola en esta montiña.
Hoy se cumplían los siete años, o mañana en aquel día;
por Dios te ruego, caballero, llévesme en tu compañía,
si quisieres por mujer, si no, sea por amiga.
—Esperéisme vos, señora, fasta mañana, aquel día,
iré yo tomar consejo de una madre que tenía.
La niña le respondiera y estas palabras decía:

[3] *si a mí*: sino a mí.

[4] *grima*: horror, espanto.

[5] *fadaron*: me hechizaron, me predestinaron a.

—¡Oh, mal haya[6] el caballero que sola deja la niña!
Él se va a tomar consejo, y ella queda en la montiña.
Aconsejóle su madre que la tomase por amiga.
Cuando volvió el caballero no la hallara en la montiña;
vídola que la llevaban con muy gran caballería.
El caballero, desque la vido, en el suelo se caía;
desque en sí hubo tornado, estas palabras decía:
—Caballero que tal pierde, muy gran pena merecía:
yo mismo seré el alcalde, yo me seré la justicia:
que le corten pies y manos y lo arrastren por la villa.

6. ROMANCE DEL CONDE ARNALDOS

¡Quién hubiese tal ventura sobre las aguas del mar,
como hubo el conde Arnaldos la mañana de San Juan!
Con un falcón en la mano la caza iba a cazar,
vio venir una galera que a tierra quiere llegar.
Las velas traía de seda, la ejercia[7] de un cendal,
marinero que la manda diciendo viene un cantar
que la mar facía en calma, los vientos hace amainar,
los peces que andan 'nel hondo arriba los hace andar,
las aves que andan volando en el mástil las face posar.
Allí fabló el conde Arnaldos, bien oiréis lo que dirá:
—Por Dios te ruego, marinero, dígasme ora ese cantar.
Respondióle el marinero, tal respuesta le fue a dar:
—Yo no digo esta canción sino a quien conmigo va.

7. DE FRANCIA PARTIÓ LA NIÑA

De Francia partió la niña, de Francia la bien guarnida;
íbase para París, do padre y madre tenía.
Errado lleva el camino, errada lleva la guía,
arrimárase a un roble por esperar compañía.
Vio venir un caballero, que a París lleva la guía.
La niña, desque lo vido, de esta suerte le decía:
—Si te place, caballero, llévesme en tu compañía.
—Pláceme, dijo, señora, pláceme, dijo, mi vida.
Apeóse del caballo por hacerle cortesía;
puso la niña en las ancas y él subiérase en la silla.
En el medio del camino de amores la requería.

[6] *mal haya*: exclamación imprecatoria.
[7] *ejercia*: jarcia.

La niña, desque lo oyera, díjole con osadía:
—Tate, tate, caballero, no hagáis tal villanía,
hija soy de un malato y de una malatía[8],
el hombre que a mí llegase malato se tornaría.
El caballero, con temor, palabra no respondía.
A la entrada de París la niña se sonreía.
—¿De qué vos reís, señora? ¿De qué vos reís, mi vida?
—Ríome del caballero y de su gran cobardía:
¡Tener la niña en el campo, y catarle[9] cortesía!
Caballero, con vergüenza, estas palabras decía:
—Vuelta, vuelta, mi señora, que una cosa se me olvida.
La niña, como discreta, dijo: —Yo no volvería,
ni persona, aunque volviese, en mi cuerpo tocaría:
hija soy del rey de Francia y de la reina Constantina,
el hombre que a mí llegase muy caro le costaría.

8. DE LAS SEÑAS DEL ESPOSO

Caballero, si a Francia ides por mi señor preguntad,
y porque le conozcáis con poca dificultad,
daros he las señas dél sin ninguna falsedad:
él es dispuesto de cuerpo, y de mucha gravedad,
blanco, rubio y colorado, mancebo y de poca edad,
el cual por ser tan hermoso temo de su lealtad.
Hablaréisle con crianza, porque en él suele morar;
decidle que su señora se le envía a encomendar,
que ya me parece tiempo de venirme a libertar
de esta prisión en que vivo, muriendo de soledad;
y se acuerde que me deja sin ninguna libertad,
que me la llevó consigo de mi propia voluntad;
y las justas y torneos yo las supe de verdad;
la divisa que sacó en señal de desamar.
Y si acaso amores tiene y no los quiere dejar,
decidle de parte mía, sin ningún temor mostrar:
que ausentes, por los presentes ligeros son de olvidar.

9. BIEN SE PENSABA LA REINA

Bien se pensaba la reina que buena hija tenía,
que del conde don Galván tres veces parido había,
que no lo sabía ninguno de los que en la corte había,

[8] *malato, malatía*: leprosos.
[9] *catarle*: guardarle.

sino fuese una doncella que en su cámara dormía;
y por un enojo que hubiera a la reina lo decía.
La reina se la llamaba y a su cámara la metía,
y estando en este cuidado de palabras la castiga:
—Ay, hija, si virgo estáis, reina seréis de Castilla;
hija, si virgo no estáis, de mal fuego seas ardida,
—Tan virgo estoy, la mi madre, como el día que fui nacida;
por Dios os ruego, mi madre, que no me dedes marido;
doliente soy del mi cuerpo, que no soy para servirlo.

10. ROMANCE DE GERINELDO

—Gerineldo, Gerineldo, el mi paje más querido,
quisiera hablarte esta noche en este jardín sombrío.
—Como soy vuestro criado, señora, os burláis conmigo.
—No me burlo, Gerineldo, que de verdad te lo digo.
—¿A qué hora, mi señora, cumpliréis lo prometido?
—Entre las doce y la una, que el rey estará dormido.
Tres vueltas da a su palacio y otras tantas al castillo;
el calzado se quitó y del buen rey no es sentido:
y viendo que todos duermen do posa la infanta ha ido.
La infanta, que oyera pasos, de esta manera le dijo:
—¿Quién a mi estancia se atreve? ¿Quién a tanto se ha atrevido?
—No vos turbéis, mi señora, yo soy vuestro dulce amigo,
que acudo a vuestro mandado humilde y favorecido.
Enilda le ase la mano sin más celar su cariño:
cuidando que era su esposo en el lecho se han metido,
y se hacen dulces halagos como mujer y marido.
Tantas caricias se hacen y con tanto fuego vivo,
que al cansancio se rindieron y al fin quedaron dormidos.
El alba salía apenas a dar luz al campo amigo,
cuando el rey quiere vestirse, mas no encuentra sus vestidos:
—Que llamen a Gerineldo, el mi buen paje querido.
Unos dicen: —No está en casa. Otros dicen: —No lo he visto.
Salta el buen rey de su lecho y vistióse de proviso,
receloso de algún mal que puede haberle venido.
Al cuarto de Enilda entraba, y en su lecho halla dormidos
a su hija y a su paje en estrecho abrazo unidos.
Pasmado quedó y parado el buen rey muy pensativo:
pensándose qué hará contra los dos atrevidos.
—¿Mataré yo a Gerineldo, al que cual hijo he querido?
¡Si yo matare la infanta, mi reino tengo perdido!
En tal estrecho el buen rey, para que fuese testigo,
puso la espada por medio entre los dos atrevidos.
Hecho esto, se retira del jardín a un bosquecillo.

Enilda, al despertarse, notando que estaba el filo
de la espada entre los dos, dijo asustada a su amigo:
—Levántate, Gerineldo, levántate, dueño mío,
que del rey la fiera espada entre los dos ha dormido.
—¿Adónde iré, mi señora? ¿Adónde me iré, Dios mío?
¿Quién me librará de muerte, de muerte que he merecido?
—No te asustes, Gerineldo, que siempre estaré contigo:
márchate por los jardines que luego al punto te sigo.
Luego obedece a la infanta, haciendo cuanto le ha dicho,
pero el rey, que está en acecho, se le hace encontradizo.
—¿Dónde vas, buen Gerineldo? ¿Cómo estás tan sin sentido?
—Paseaba estos jardines para ver si han florecido,
y vi que una fresca rosa el color ha deslucido.
—Mientes, mientes, Gerineldo, que con Enilda has dormido.
Estando en esto el sultán, un gran pliego ha recibido:
ábrelo luego, y al punto todo el color ha perdido.
—Que prendan a Gerineldo, que no salga del castillo.
En esto la hermosa Enilda cuidadosa llega aquel sitio.
De lo que pasa informada, y conociendo el peligro,
sin esperar a que torne el buen rey enfurecido,
salta las tapias ligera en pos de su amor querido.
Huyendo se va a Tartaria con su amante y fiel amigo,
que en un brioso caballo la atendía en el ejido[10].
Allí antes de casarse recibe Enilda el bautismo,
y las joyas que lleva en dos cajas de oro fino,
una vida regalada a su amante ha prometido.

11. ROMANCE DEL CONDE ALARCOS Y DE LA INFANTA SOLISA

Retraída está la infanta, bien así como solía,
viviendo muy descontenta de la vida que tenía,
viendo que ya se pasaba toda la flor de su vida,
y que el rey no la casaba, ni tal cuidado tenía.
Entre sí estaba pensando a quién se descubriría,
acordó llamar al rey como otras veces solía,
por decirle su secreto y la intención que tenía.
Vino el rey siendo llamado, que no tardó su venida:
vídola estar apartada, sola está sin compañía;
su lindo gesto mostraba ser más triste que solía.
Conociera luego el rey el enojo que tenía.
—¿Qué es aquesto, la infanta? ¿Qué es aquesto, hija mía?
Contadme vuestro enojos, no toméis melancolía,

[10] *ejido*: campo lindante con el pueblo.

que sabiendo la verdad   todo se remediaría.
—Menester será, buen rey,   remediar la vida mía,
que a vos quedé encomendada   de la madre que tenía.
Dédesme, buen rey, marido,   que mi edad ya lo pedía:
con vergüenza os lo demando,   no con gana que tenía,
que aquestos cuidados tales   a vos, rey, pertenecían.
Escuchada su demanda,   el buen rey le respondía:
—Esa culpa, la infanta,   vuestra era, que no mía,
que ya fuerades casada   con el príncipe de Hungría.
No quisistes escuchar   la embajada que os venía,
pues acá en las nuestras cortes,   hija, mal recaudo había,
porque en todos los mis reinos   vuestro par igual no había,
sino era el conde Alarcos,   hijos y mujer tenía.
—Convidadlo vos, el rey,   al conde Alarcos un día,
y después que hayáis comido   decidle de parte mía,
decidle que se acuerde   de la fe que dél tenía,
la cual él me prometió,   que yo no se la pedía,
de ser siempre mi marido,   yo que su mujer sería.
Yo fui de ello muy contenta   y que no me arrepentía.
Si casó con la condesa,   que mirase lo que hacía,
que por él no me casé   con el príncipe de Hungría:
si casó con la condesa,   dél es culpa, que no mía.
Perdiera el rey en oírlo   el sentido que tenía,
mas después en sí tornado   con enojo respondía:
—¡No son estos los consejos,   que vuestra madre os decía!
¡Muy mal mirastes, infanta,   do estaba la honra mía!
Si verdad es todo eso   vuestra honra ya es perdida:
no podéis vos ser casada   siendo la condesa viva.
Si se hace el casamiento   por razón o por justicia,
en el decir de las gentes   por mala seréis tenida.
Dadme vos, hija, consejo,   que el mío no bastaría,
que ya es muerta vuestra madre   a quien consejo pedía.
—Yo os lo daré, buen rey,   de este poco que tenía:
mate el conde a la condesa,   que nadie no lo sabría,
y eche fama que ella es muerta   de un cierto mal que tenía,
y tratarse ha el casamiento   como cosa no sabida.
De esta manera, buen rey,   mi honra se guardaría.
De allí se salía el rey,   no con placer que tenía;
lleno va de pensamientos   con la nueva que sabía;
vido estar al conde Alarcos   entre muchos, que decía:
—¿Qué aprovecha, caballeros,   amar y servir amiga,
que son servicios perdidos   donde firmeza no había?
No pueden por mí decir   aquesto que yo decía,
que en el tiempo que yo serví   una que tanto quería,
si muy bien la quise entonces,   agora más la quería;
mas por mí pueden decir   quien bien ama tarde olvida.

Estas palabras diciendo   vido al buen rey que venía,
y hablando con el rey   de entre todos se salía.
Dijo el buen rey al conde   hablando con cortesía:
—Convidaros quiero, conde,   por mañana en aquel día,
que queráis comer conmigo   por tenerme compañía.
—Que se haga de buen grado   lo que su Alteza decía;
beso sus reales manos   por la buena cortesía:
detenerme he aquí mañana,   aunque estaba de partida,
que la condesa me espera   según la carta me envía.
Otro día de mañana   el rey de misa salía;
asentóse luego a comer,   no por gana que tenía,
sino por hablar al conde   lo que hablarle quería.
Allí fueron bien servidos   como a rey pertenecía.
Después que hubieron comido,   toda la gente salida,
quedóse el rey con el conde   en la tabla do comía.
Empezó de hablar el rey   la embajada que traía:
—Unas nuevas traigo, conde,   que de ellas no me placía,
por las cuales yo me quejo   de vuestra descortesía.
Prometistes a la infanta   lo que ella no vos pedía,
de siempre ser su marido,   y a ella que le placía.
Si otras cosas pasastes   no entro en esa porfía.
Otra cosa os digo, conde,   de que más os pesaría:
que matéis a la condesa   que cumple a la honra mía:
echéis fama que ella es muerta   de cierto mal que tenía,
y tratarse ha el casamiento   como cosa no sabida,
porque no sea deshonrada   hija que tanto quería.
Oídas estas razones   el buen conde respondía:
—No puedo negar, el rey,   lo que la infanta decía,
sino que otorgo ser verdad   todo cuanto me pedía.
Por miedo de vos, el rey,   no casé con quien debía,
no pensé que vuestra Alteza   en ello consentiría:
de casar con la infanta   yo, señor, bien casaría;
mas matar a la condesa,   señor rey, no lo haría,
porque no debe morir   la que mal no merecía.
—De morir tiene, el buen conde,   por salvar la honra mía,
pues no mirastes primero   lo que mirar se debía.
Si no muere la condesa   a vos costará la vida.
Por la honra de los reyes   muchos sin culpa morían,
porque muera la condesa   no es mucha maravilla.
—Yo la mataré, buen rey,   mas no será culpa mía:
vos os avendréis con Dios   en fin de vuestra vida,
y prometo a vuestra Alteza,   a fe de caballería,
que me tengan por traidor   si lo dicho no cumplía
de matar a la condesa,   aunque mal no merecía.
Buen rey, si me dais licencia   yo luego me partiría.
—Vayáis con Dios, el buen conde,   ordenad vuestra partida.

Llorando se parte el conde,   llorando sin alegría;
llorando por la condesa,   que más que a sí la quería.
Llorando también el conde   por tres hijos que tenía,
el uno era de teta,   que la condesa lo cría,
que no quería mamar   de tres amas que tenía
sino era de su madre   porque bien la conocía;
los otros eran pequeños,   poco sentido tenían.
Antes que llegase el conde   estas razones decía:
—¡Quién podrá mirar, condesa,   vuestra cara de alegría,
que saldréis a recebirme   a la fin de vuestra vida!
Yo soy el triste culpado,   esta culpa toda es mía.
En diciendo estas palabras   la condesa ya salía,
que un paje le había dicho   como el conde ya venía.
Vido la condesa al conde   la tristeza que tenía,
viole los ojos llorosos   que hinchados los tenía
de llorar por el camino   mirando el bien que perdía.
Dijo la condesa al conde: —¡Bien vengáis, bien de mi vida!
¿Qué habéis, el conde Alarcos?,   ¿por qué lloráis, vida mía,
que venís tan demudado   que cierto no os conocía?
No parece vuestra cara   ni el gesto que ser solía;
dadme parte del enojo   como dais de la alegría.
¡Decídmelo luego, conde,   no matéis la vida mía!
—Yo vos lo diré, condesa,   cuando la hora sería.
—Si no me lo decís, conde,   cierto yo reventaría.
—No me fatiguéis, señora,   que no es la hora venida.
Cenemos luego, condesa,   de aqueso que en casa había.
—Aparejado está, conde,   como otras veces solía.
Sentóse el conde a la mesa,   no cenaba ni podía,
con sus hijos al costado,   que muy mucho los quería.
Echóse sobre los hombros;   hizo como que dormía;
de lágrimas de sus ojos   toda la mesa cubría.
Mirándolo la condesa,   que la causa no sabía,
no le preguntaba nada,   que no osaba ni podía.
Levantóse luego el conde,   dijo que domir quería;
dijo también la condesa   que ella también dormiría;
mas entre ellos no había sueño,   si la verdad se decía.
Vanse el conde y la condesa   a dormir donde solían:
dejan los niños de fuera   que el conde no los quería:
lleváronse el más chiquito,   el que la condesa cría:
cierra el conde la puerta,   lo que hacer no solía.
Empezó de hablar el conde   con dolor y con mancilla:
—¡Oh desdichada condesa,   grande fue la tu desdicha!
—No só desdichada, el conde,   por dichosa me tenía
sólo en ser vuestra mujer: ésta fue gran dicha mía.
—¡Si bien lo sabéis, condesa,   ésa fue vuestra desdicha!
Sabed que en tiempo pasado   yo amé a quien servía,

la cual era la infanta. Por desdicha vuestra y mía
prometí casar con ella; y a ella que le placía,
demándame por marido por la fe que me tenía.
Puédelo muy bien hacer de razón y de justicia:
díjomelo el rey su padre porque de ella lo sabía.
Otra cosa manda el rey que toca en el alma mía:
manda que muráis, condesa, a la fin de vuestra vida,
que no puede tener honra siendo vos, condesa, viva.
Desque esto oyó la condesa cayó en tierra amortecida:
mas después en sí tornada estas palabras decía:
—¡Pagos son de mis servicios, conde, con que yo os servía!
Si no me matáis, el conde, yo bien os consejaría:
enviédesme a mis tierras que a mi padre me ternía;
yo criaré vuestros hijos mejor que la que vernía,
yo os mantendré castidad como siempre os mantenía.
—De morir habéis, condesa, enantes que venga el día.
—¡Bien parece, el conde Alarcos, yo ser sola en esta vida;
porque tengo el padre viejo, mi madre ya es fallecida,
y mataron a mi hermano el buen conde don García,
que el rey lo mandó matar por miedo que dél tenía!
No me pesa de mi muerte, porque yo morir tenía,
mas pésame de mis hijos, que pierden mi compañía:
hacémelos venir, conde, y verán mi despedida.
—No los veréis más, condesa, en días de vuestra vida:
abrazad este chiquito, que aqueste es el que os perdía.
Pésame de vos, condesa, cuanto pesar me podía.
No os puedo valer, señora, que más me va que la vida;
encomendaos a Dios que esto hacerse tenía.
—Dejéisme decir, buen conde, una oración que sabía.
—Decidla, presto, condesa, enantes que venga el día.
—Presto la habré dicho, conde, no estaré un Ave María.
Hincó las rodillas en tierra esta oración decía:
"En las tus manos, Señor, encomiendo el alma mía:
no me juzgues mis pecados según que yo merecía,
mas según tu gran piedad y la tu gracia infinita."
—Acabada es ya, buen conde, la oración que sabía;
encomiéndoos esos hijos que entre vos y mí había,
y rogad a Dios por mí mientras tuviéredes vida,
que a ello sois obligado pues que sin culpa moría.
Dédesme acá ese hijo, mamará por despedida.
—No lo despertéis condesa, dejadlo estar, que dormía,
sino que os demando perdón porque ya viene el día.
—A vos yo perdono, conde, por el amor que os tenía;
mas yo no perdono al rey, ni a la infanta su hija,
sino que queden citados delante la alta justicia,
que allá vayan a juicio dentro de los treinta días.

Estas palabras diciendo el conde se apercebía:
echóle por la garganta una toca que tenía,
apretó con las dos manos con la fuerza que podía;
no le aflojó la garganta mientras que vida tenía.
Cuando ya la vido el conde traspasada y fallecida,
desnudóle los vestidos y las ropas que tenía:
echóla encima la cama, cubrióla como solía;
desnudóse a su costado, obra de un Ave María:
levantóse dando voces a la gente que tenía:
—¡Socorré, mis escuderos, que la condesa se fina!
Hallan la condesa muerta los que a socorrer venían.
Así murió la condesa, sin razón y sin justicia;
mas también todos murieron dentro de los treinta días.
Los doce días pasados la infanta ya moría;
y el rey a los veinte y cinco, el conde al treinteno día,
allá fueron a dar cuenta a la justicia divina.
Acá nos dé Dios su gracia, y allá la gloria cumplida.

12. NUÑO VERO

—Nuño Vero, Nuño Vero, buen caballero probado,
hinquedes la lanza en tierra y arrendedes[11] el caballo;
preguntaros he por nuevas de Baldovinos el franco.
—Aquesas nuevas, señora, yo vos las diré de grado:
Esta noche, a media noche, entramos en cabalgada,
y los muchos a los pocos lleváronnos de arrancada[12].
Hirieron a Baldovinos de una muy mala lanzada;
la lanza tenía dentro, de fuera le tiembla el asta;
su tío, el emperador, a penitencia le daba:
o esta noche morirá, o de buena madrugada.
Si te pluguiese, Sevilla, fueses tú mi enamorada;
ademédesme, señora, que en ello no perderéis nada.
—Nuño Vero, Nuño Vero, mal caballero probado,
yo te pregunto por nuevas, tú respóndesme al contrario,
que aquesta noche pasada conmigo durmiera el franco;
él me diera una sortija, y yo le di un pendón labrado.

---

[11] *arrendedes*: atad por las riendas.

[12] *arrancada*: de vencida.

VIII
ROMANCES DEL CICLO BRETÓN

1. ROMANCE DE DON GAIFEROS

Media noche era por filo, los gallos querían cantar,
cuando el infante Gaiferos salió de captividad;
muerto deja al carcelero y a cuantos con él están;
vase por una calle ayuso[1] como hombre mundanal,
hablando en algarabía, como aquel que bien la sabe.
Íbase para la puerta, la puerta de la ciudad;
halla las puertas cerradas, no halla por do botar[2],
Desque se vido perdido empezara de llamar:
—¡Ábrasme la puerta, el moro, sí Alá te guarde de mal!
Mensajero soy del rey, cartas llevo de mensaje.
Allí hablara el moro, bien oiréis lo que dirá:
—Si eres mensajero, amigo, y cartas llevas de mensaje,
esperases tú al día y con los otros saldrás.
Desque esto oyera Gaiferos bien oiréis lo que dirá:
—¡Ábrasme la puerta, el moro, sí Alá te guarde de mal!
Darte he tres pesantes[3] de oro, que aquí no traía más.
Oído lo había una morica, que en altas torres está,
dícele de esta manera, empezóle de hablar:
—Toma los pesantes, moro, que menester te serán,
la mujer tienes moza, hijos chicos de criar.
Desque esto oyó el moro recio se fue a levantar,
las puertas que están cerradas abriólas de par en par.
Acordósele a Gaiferos de una espada que trae,
la cabeza de los hombros derribado se la ha.
Muerto cae el morico, en el suelo muerto cae.
Desque esto vio la morica empieza de gritos dar,
ellos los daba tan grandes que al cielo quieren llegar:
—¡Abrasmonte, Abrasmonte, el señor de este lugar!
Cuando acuerdan por Gaiferos, ya estaba en la cristiandad.

---

1 *ayuso*: abajo.

2 *do botar*: por donde salir.

3 *pesantes*: monedas.

2. ROMANCE DE ROSAFLORIDA

En Castilla está un castillo   que se llama Rocafrida;
al castillo llaman Roca,   y a la fonte llaman Frida.
El pie tenía de oro,   y almenas de plata fina;
entre almena y almena   está una piedra zafira;
tanto relumbra de noche   como el sol a mediodía.
Dentro estaba una doncella   que llaman Rosaflorida:
siete condes la demandan,   tres duques de Lombardía;
a todos les desdeñaba,   tanta es su lozanía.
Enamoróse de Montesinos   de oídas, que no de vista.
Una noche estando así,   gritos da Rosaflorida.
Oyérala un camarero,   que en su cámara dormía.
—¿Qué es aquesto, mi señora?   ¿Qué es esto, Rosaflorida?
O tenedes mal de amores,   o estáis loca sandía.
—Ni yo tengo mal de amores,   ni estoy loca sandía;
mas llevásesme estas cartas   a Francia la bien guarnida;
diéselas a Montesinos,   la cosa que yo más quería;
dile que me venga a ver   para la Pascua Florida;
darle he yo este mi cuerpo,   el más lindo que hay en Castilla,
si no es el de mi hermana,   que de fuego sea ardida;
y si de mí más quisiere   yo mucho más le daría:
darle he siete castillos,   los mejores que hay en Castilla.

3. ROMANCE DE DURANDARTE

—Durandarte, Durandarte,   buen caballero probado,
yo te ruego que hablemos   en aquel tiempo pasado,
y dime si se te acuerda   cuando fuiste enamorado,
cuando en galas e invenciones   publicabas tu cuidado,
cuando venciste a los moros   en campo por mí aplazado:
agora, desconocido,   di, ¿por qué me has olvidado?
—Palabras son lisonjeras,   señora, de vuestro grado,
que si yo mudanza hice,   vos lo habéis todo causado,
pues amastes a Gaiferos,   cuando yo fui desterrado;
que si amor queréis conmigo   tenéislo muy mal pensado;
que por no sufrir ultraje   moriré desesperado.

4. ROMANCE DE DOÑA ALDA

En París está doña Alda,   la esposa de don Roldán,
trescientas damas con ella   para la acompañar:
todas visten un vestido,   todas calzan un calzar,
todas comen a una mesa,   todas comían de un pan,

sino era doña Alda   que era la mayoral[4];
las ciento hilaban oro,   las ciento tejen cendal,
las ciento tañen instrumentos   para doña Alda holgar.
Al son de los instrumentos   doña Alda adormido se ha,
ensoñado había un sueño,   un sueño de gran pesar.
Recordó despavorida   y con un pavor muy grande,
los gritos daba tan grandes   que se oían en la ciudad.
Allí hablaron sus doncellas,   bien oiréis lo que dirán:
—¿Qué es aquesto, mi señora?,   ¿quién es el que os hizo mal?
—Un sueño soñé, doncellas,   que me ha dado gran pesar:
que me veía en un monte   en un desierto lugar;
de so[5] los montes muy altos   un azor vide volar,
tras dél viene una aguililla   que lo ahínca[6] muy mal.
El azor, con grande cuita,   metióse so mi brial,
el aguililla, con grande ira,   de allí lo iba a sacar;
con las uñas lo despluma,   con el pico lo deshace.
Allí habló su camarera,   bien oiréis lo que dirá:
—Aquese sueño, señora,   bien os lo entiendo soltar[7]:
el azor es vuestro esposo   que viene de allén la mar;
el águila sodes vos,   con la cual ha de casar,
y aquel monte es la iglesia   donde os han de velar.
—Si así es, mi camarera,   bien te lo entiendo pagar.
Otro día de mañana   cartas de fuera le traen;
tintas venían por dentro,   de fuera escritas con sangre,
que su Roldán era muerto   en la caza de Roncesvalles.

5. ROMANCE QUE DICEN: POR LA MATANZA VA EL VIEJO

Por la matanza va el viejo,   por la matanza adelante,
los brazos lleva cansados   de los muertos rodear:
vido a todos los franceses   y no vido a don Beltrán.
Siete veces echan suertes   quién le volverá a buscar;
echan las tres con malicia,   las cuatro con gran maldad:
todas siete le cupieron   al buen viejo de su padre.
Vuelve riendas al caballo,   y él se lo vuelve a buscar,
de noche por el camino,   de día por el jaral.
En la entrada de un prado,   saliendo de un arenal,
vido estar en esto un moro   que velaba en un adarve:
hablóle en algarabía,   como aquel que bien la sabe:

[4] *mayoral*: de mayor importancia, principal.
[5] *de so*: debajo de.
[6] *ahínca*: acosa.
[7] *soltar*: resolver, interpretar.

—Caballero de armas blancas, ¿si lo viste acá pasar?
Si le tienes preso, moro, a oro te le pesarán,
y si tú le tienes muerto désmelo para enterrar,
porque el cuerpo sin el alma muy pocos dineros vale.
—Ese caballero, amigo, díme tú, ¿qué señas ha?
—Armas blancas son las suyas, y el caballo es alazán,
y en el carrillo derecho él tenía una señal,
que siendo niño pequeño se la hizo un gavilán.
—Ese caballero, amigo, muerto está en aquel pradal;
dentro del agua los pies, y el cuerpo en un arenal:
siete lanzadas tenía, pásanle de parte a parte.

6. ROMANCE DEL PALMERO

De Mérida sale el palmero, de Mérida, esa ciudade.
Los pies llevaba descalzos, las uñas corriendo sangre;
una esclavina[8] trae rota, que no valía un reale,
y debajo traía otra, ¡bien valía una ciudade!,
que ni rey ni emperador no alcazaba otra tale.
Camino lleva derecho de París, esa ciudade;
ni pregunta por mesón, ni menos por hospital,
pregunta por los palacios del rey Carlos do estae.
Un portero está a la puerta, empezóle de hablare:
—Dijésesme tú, el portero, el rey Carlos ¿dónde estae?
El portero, que lo vido, mucho maravillado se hae
cómo un romero tan pobre por el rey va a preguntare.
—Digádesmelo, señor, de eso no tengáis pesare.
—En misa estaba, palmero, allá en San Juan de Letrane,
que dice misa un arzobispo, y la oficia un cardenale.
El palmero, que lo oyera, íbase para San Juane;
en entrando por la puerta, bien veréis lo que harae:
humillóse a Dios del cielo y a Santa María, su Madre,
humillóse al arzobispo, humillóse al cardenale,
porque decía la misa, no porque merecía mase;
humillóse al emperador y a su corona reale,
humillóse a los doce que a una mesa comen pane.
No se humilla a Oliveros, ni menos a don Roldane,
porque un sobrino que tienen en poder de moros estae,
y, pudiéndolo hacer, no le van a rescatare.
Desque aquesto vio Oliveros, desque aquesto vio Roldane,
sacan ambos las espadas, para el palmero se vane.

[8] *esclavina*: vestidura de los romeros.

El palmero con su bordón[9] su cuerpo va a mampararare[10].
Allí hablara el buen rey, bien oiréis lo que dirae:
—Tate, tate, Oliveros, tate, tate, don Roldane,
o este palmero es loco, o viene de sangre reale.
Tomárale por la mano, y empiézale de hablare:
—Dígasme tú, el palmero, no me niegues la verdade,
¿en qué año y en qué mes pasaste aguas de la mare?
—En el mes de mayo, señor, yo las fuera a pasare;
porque yo me estaba un día a orillas de la mare,
en el huerto de mi padre por haberme de holgare,
cautiváronme los moros, pasáronme allende el mare,
a la infanta de Sansueña me fueron a presentare;
la infanta, desque me vido, de mí se fue a enamorare.
La vida que yo tenía, rey, quiero vos la contare:
en la su mesa comía, y en su cama me iba a echare.
Allí hablara el buen rey, bien oiréis lo que dirae:
—Tal cautividad como ésa quien quiera la tomarae.
Dígasme tú, el palmerico, si la iría yo a ganare.
—No vades allá, el buen rey, buen rey, no vades allae,
porque Mérida es muy fuerte, bien se vos defenderae.
Trescientos castillos tiene, que es cosa de los mirare,
que el menor de todos ellos bien se os defenderae.
Allí hablara Oliveros, allí habló don Roldane:
—Miente, señor, el palmero, miente y no dice verdade,
que en Mérida no hay cien castillos, ni noventa, a mi pensare,
y estos que Mérida tiene no tiene quien los defensare,
que ni tenían señor, ni menos quien los guardare.
Desque aquesto oyó el palmero, movido con gran pesare,
alzó su mano derecha, dio un bofetón a Roldane.
Allí hablara el rey, con furia y con gran pesare:
—Tomadle, la mi justicia, y llevédeslo ahorcare.
Tomado lo ha la justicia para haberlo de justiciare;
y aun allá al pie de la horca el palmero fuera hablare:
—¡Oh mal hubieses, rey Carlos! Dios te quiera hacer male,
que un hijo solo que tienes tú le mandas ahorcare.
Oídolo había la reina, que se le paró a mirare:
—Dejédeslo, la justicia, no le queráis hacer male,
que si él era mi hijo encubrir no se podrae,
que en un lado ha de tener un extremado lunare.
Ya le llevan a la reina, ya se lo van a llevare;
desnúdanle una esclavina que no valía un reale;
ya le desnudaban otra que valía una ciudade;
halládole han al infante, halládole han la señale.
Alegrías se hicieron, no hay quien las pueda contare.

---

[9] *bordón*: bastón con punta de hierro.

[10] *mamparar*: proteger, amparar.

MATERIAL DE TRABAJO

BLOC DE NOTAS

1. Romance de doña Lambra

A Calatrava la vieja
la combaten castellanos;

● *DESPUÉS DE LEER*

1. En este largo romance se hace referencia a una boda y se explican las fiestas que tenían lugar por aquel entonces. Haz la descripción de los festejos con motivo de una boda situándola en esa época. Imagínate la celebración, el banquete, los juegos caballerescos, etc.

2. Analiza la polisemia de la palabra "tela" y sus derivados en el romance: "telilla les tengo urdida...", y en la actualidad. Escribe algunas frases con los diferentes significados.

2. Almanzor presenta a Gustos las cabezas de sus hijos

Pártese el moro Alicante
víspera de Sant Cebrián...

● *DESPUÉS DE LEER*

Nos encontramos ante una leyenda épica muy famosa como es la de los siete infantes de Lara, recogida en un cantar de gesta durante los siglos XII o XIII y prosificada por Alfonso X el Sabio en su *Crónica General.*

1. Con ayuda del manual de Historia, intentad, por grupos, elaborar una noticia de traición y rencor para recomponer la historia que se cuenta abreviadamente en este romance: la emboscada que preparó Ruy Velázquez, junto con los musulmanes y que llevó como consecuencia la decapitación de los infantes de Lara y su ayo Nuño Salido..., el lamento tan trágico que hace don Gonzalo Gustos ante la presencia de sus hijos muertos.

2. Reproduce en estilo indirecto el emotivo e intenso diálogo de Don Gonzalo Gustos por el dolor ante la muerte de sus hijos.

3. Destaca los recursos de que se vale el autor para transmitir la tragedia y el sufrimiento paternos por la desgracia de su familia.

4. Inventa un final para esta historia a partir de los últimos versos que parecen presagiar una posible y terrible venganza. Lo puedes escribir en verso o en prosa.

3. Romance del rey don Sancho

¡Guarte, guarte, rey don Sancho!,
no digas que no te aviso...

DESPUÉS DE LEER

Se trata del hijo de Fernando I, Sancho II, que sería asesinado poco después ante los muros de Zamora. En otro romance del mismo género y con similar asunto se alude a su hermano don Alonso, su sucesor, el futuro rey Alfonso VI.

1. Escribe una misiva con carácter urgente advirtiendo al monarca de los malos augurios que le amenazan: procura que las oraciones sean claras y precisas. Evita en la medida de lo posible el uso del subjuntivo y emplea el imperativo.

2. Describe la reacción del rey ante vuestra carta: cuáles son sus movimientos, dónde se encuentra en el momento de recibirla, cómo es su atuendo... Recrea la escena a modo de acotación teatral.

3. Redacta su "carta" de agradecimiento por vuestro aviso. (Ahora el tono ha de ser formal y regio conforme a su categoría.)

4. Entresaca y comenta algunas de las figuras retóricas que más te han llamado la atención en este romance: hipérbaton, elipsis... Analiza el significado de las mismas.

4. Romance del juramento que tomó el Cid al rey don Alfonso

En Santa Gadea de Burgos
do juran los hijosdalgo...

DESPUÉS DE LEER

Se trata del juramento que tomó el Cid al rey don Alfonso.

1. Haz una enumeración del atavío característico de nobles y villanos en esa época. Analiza el decoro en ambas clases sociales a través de su atuendo.

2. Por parejas, comparad la fórmula del juramento con otras fórmulas en las que haya que prestar juramento en la actualidad y analizad los cambios en la estructura sintáctica y en el vocabulario según sea la situación de la que se trate.

3. Descubre cuáles son los sentimientos y los diferentes matices que se deducen de estos versos: ironía, cólera, opinión hacia el monarca...

5. Romance de Cid Ruy Díaz

Cabalga Diego Laínez,
al buen rey besar la mano...

DESPUÉS DE LEER

Rodrigo Díaz de Vivar, el Cid Campeador, resultó ser uno de los personajes históricos más mitificado a lo largo de la Edad Media; incluso con posterioridad su figura se iba haciendo más legendaria y literaria, y por lo tanto, más alejada de la auténtica realidad histórica; muchos romances viejos del siglo XV se hacen eco de este carácter. (Romance de tradición histórica-nacional.)

1. Con ayuda del manual de Historia, intenta recomponer los antecedentes históricos que han generado el episodio contado en este romance: el momento de la Reconquista en que se encuentra la península, la relación que mantiene el Cid con el rey Alfonso VI tras la muerte de su hermano San-

cho II, el acontecimiento de la Jura de Santa Gadea, la muerte del conde Lozano, padre de Jimena, esposa del Cid...

2. Describe los principales rasgos con que aparece caracterizado Rodrigo Díaz de Vivar en este romance en comparación con los que conocíamos del *Poema del Mío Cid*. ¿Ha cambiado su personalidad con el tiempo?

3. Explica la relación paternofilial tan especial y tan estrecha que mantiene el Cid con su padre. ¿Cómo se justifica? ¿Tiene algo en común con la de Jorge Manrique y su padre en las *Coplas*?

4. Señala los principales elementos de estilo típicos de los romances y que aparecen en éste de manera reiterativa: anáforas, paralelismos, diálogos...

6. Visión del rey don Rodrigo

Los vientos eran contrarios,
la luna estaba crecida...

● *DESPUÉS DE LEER*

Se trata de un nuevo romance tradicional de temática épico-histórica, encontrado en un pliego suelto de la Universidad de Praga.

1. Destaca y analiza las antítesis y los contrastes que existen en el lenguaje de este romance, las imágenes plásticas de las descripciones... ¿Cuál es su función?

2. Por parejas, haced un estudio del carácter de advertencia que tienen muchos sueños. En nuestro romance, ¿se trata de un recurso literario para dotar al poema de mayor interés? ¿O es la conciencia del protagonista que no "duerme" tranquila por la mala acción que cometió?

3. Dividida la clase en grupos, buscad los distintos significados simbólicos y reales que tiene la luna: en qué medida es presagio de buenos o malos augurios, cómo influye sobre la tierra y sobre los hombres... Sería interesante buscar otros poemas que hablen sobre la luna; tal vez se encuentren concomitancias en algunos romances de Lorca. Incluso podrías rescatar algunas canciones de grupos actuales que hablan de la luna. ¿Qué sentimientos expresan? Después, con toda esa información, redactad un resumen sobre "La luna en nuestra historia".

7. Romance de doña Alda

En París está doña Alda,
la esposa de don Roldán...

● *DESPUÉS DE LEER*

Se trata de un bello poema, quizá derivado del poema de Roncesvalles, de tema caballeresco.

1. Enumera los ejemplos que encuentres de derivación entremezclados con los famosos "acusativos internos" del tipo "vivir una vida". ¿Por qué el autor acude a este recurso?

2. Por parejas, comentad la idea o el tópico literario del "sueño" de la protagonista usado como artificio; analizad si está realmente dormida o se trata de una excusa para proclamar sus sentimientos de forma más o menos sincera.

3. A partir de este sueño de doña Alda y de la diferente interpretación que adopta, discutid en clase, el sentido premonitorio de los sueños, su validez, su eficacia...

4. Este romance es un claro ejemplo de final abrupto y abierto; así pues, describid la reacción de doña Alda al enterarse de la fatal noticia de don Roldán: haced una enumeración asindética de sus sentimientos.

8. Romance de la linda Melisenda

Todas las gentes dormían
en las que Dios tiene parte...

● *DESPUÉS DE LEER*

Este romance se encuadra dentro del ciclo carolingio y comparte clasificación con los dedicados a personajes tan famosos como Beltrán, Guarinos...

1. Haz el resumen de este romance en cinco líneas como máximo.

2. Melisenda, la protagonista, ¿te recuerda a otras "heroínas" literarias que por amor actúan de forma disparatada? Describe los principales rasgos de su personalidad.

3. Comparad la escena entre Melisenda y el conde Ayuelos, sorprendido éste en su habitación, con el amor vivido entre Calixto y Melibea.

9. Romance de Abenámar

Abenámar, Abenámar,
moro de la morería...

● *DESPUÉS DE LEER*

Nos encontramos ante un suceso ocurrido en la frontera con los musulmanes durante la Reconquista. Narra como Juan II de Castilla llega en 1431 a Granada, que no quiere rendirse (romance fronterizo).

1. Señala las principales figuras estilísticas que aparecen en este romance: repeticiones, derivación, personificación... ¿Qué efecto consiguen en el lector? ¿Qué añaden al asunto?

2. Comentad, por parejas, el desajuste que se produce entre los diferentes tiempos verbales: transformad esta falta de sincronía y "coordinad" las acciones entre el presente y el futuro. ¿Son intercambiables estos tiempos? ¿Cambia realmente el significado?

3. ¿Con quién identifica el autor la ciudad? ¿Por qué? ¿Qué cualidades humanas le atribuye?

4. Reconstruye con ayuda de tus datos históricos el final que le esperaba a la ciudad de la Alhambra: inventa un diálogo entre sus personajes más famosos: los Reyes Católicos, Boabdil el Chico, su madre...

10. Romance del conde Arnaldos

¡Quién hubiese tal ventura
sobre las aguas del mar...

● *DESPUÉS DE LEER*

Es uno de los romances considerado como obra maestra de la poesía popular, incluso tiene imitaciones de autores extranjeros que lo han glosado con pequeñas variaciones. Se trata de un romance de aventuras.

1. Analiza el simbolismo y las posibles interpretaciones de quién es el marinero al que se dirige el conde Arnaldos.

2. Si te encontraras en la situación del protagonista, ¿qué respuesta le darías al marinero que surca las aguas? ¿Cómo terminarías el diálogo que mantienen ambos?

3. Subraya las siguientes figuras retóricas presentes en el romance: aliteración, elipsis, paralelismos, personificación e hipérbole y comenta el efecto estilístico que se produce por su uso reiterado.

4. ¿Conoces el simbolismo del día de San Juan? ¿Hay alguna obra literaria que transcurra en este día?

11. Romance del prisionero

Que por mayo era, por mayo,
cuando hace la calor...

DESPUÉS DE LEER

Es uno de los romances que posee la versión abreviada y la completa, ya que la glosa y el canto de los mismos propiciaba el acortamiento de su extensión o su prolongación.

Como ya se ha dedicado el comentario literario y lingüístico a este romance, tan sólo propondremos una actividad.

1. Escribid en prosa desde el punto de vista del protagonista su situación de prisionero. (Intentad sentir con él y vivir con él: se puede aceptar cierta libertad en el uso de un registro popular y familiar.)

12. Romance de Fontefrida

Fontefrida, fontefrida,
fontefrida y con amor...

DESPUÉS DE LEER

Romance de tipo lírico más que novelesco con un acento más cortesano que popular.

1. ¿Por qué el autor ha elegido para sus personajes animales? ¿Tienen cada uno de ellos algún significado especial? ¿Dónde encontramos historias interpretadas por animales?

2. Diseña la estructura de este romance: divídelo en diferentes partes para analizar la conexión de ideas y el diálogo que mantienen sus protagonistas.

3. ¿Hay alguna "anomalía" métrica en el cómputo silábico de ciertos versos? ¿Por qué?

4. Propón otros títulos para este romance.

5. Analiza sintácticamente los versos:
"que no quiero haber marido,
porque hijos no haya, no;
no quiero placer con ellos,
ni menos consolación."

13. Romance de doña Isabel de Liar

Yo me estando en Giromena
a mi placer y holgar,

DESPUÉS DE LEER

1. Éste es uno de los pocos romances que no tiene un final abierto ya que podemos comprobar cómo la historia avanza inexo-

rablemente hasta el trágico final. Transfórmalo ahora en una pieza de teatro. Escribe los diálogos y sitúa la escena utilizando las acotaciones para añadir información acerca del decorado, los vestidos y las reacciones de los personajes.

2. Escribe una "carta" a la reina para convencerla de que no dé órdenes de matar a doña Isabel de Liar.

3. Lee el *Romance de la venganza de doña Isabel,* donde se narra cómo el rey decide vengar su muerte. ¿Crees que podría haberse evitado este desenlace? Explícalo.

14. Reduán, bien se te acuerda

—Reduán, bien se te acuerda
que me diste la palabra

DESPUÉS DE LEER

1. Señala los recursos estilísticos de los que se vale el autor para dar mayor viveza al relato: aliteración, anáfora, cambio de tiempos verbales, etc.

2. Este romance se centra en los preparativos de una batalla. Fíjate en la variedad y riqueza de la escena, que se acentúa con el uso de las exlamaciones. Redacta la crónica de la batalla que se anuncia.

CONTRASTE DE OPINIONES

1 Hasta la poesía religiosa imitaba y contrahacía los romances profanos, tanto en los cancioneros y romanceros sagrados como en los autos sacramentales.

Los romances estaban tan presentes en la memoria de todos, que sus versos fluían a cada paso, en la conversación ordinaria, como elementos fraseológicos del idioma.

(RAMÓN MENÉNDEZ PIDAL, *Flor nueva de romances viejos*, Madrid, Austral, 1994, p. 35)

A. ¿Te imaginas en la actualidad incluyendo algún romance en la conversación cotidiana? ¿Qué temas serían más aptos para versificarlos en octosílabos asonantes? ¿Con quién hablarías usando el romance? ¿Por qué?

B. Escribe una noticia extranjera y otra nacional que hayas encontrado en un periódico en forma de romance.

2 Existe pues en la memoria común todo un depósito temático que incluye recuerdos textuales o meramente anecdóticos; también, en ese mismo depósito hay fórmulas, tópicos y recursos formales; si a esto añadimos la conciencia de metro y rima más comunes, podemos entender cómo los depositarios de la poesía popular tienen a su alcance todo lo necesario para la recreación... La capacidad poética y narrativa del recreador es, desde luego, la que lleva a cabo el trabajo sobre el texto con los elementos temáticos y formales a su alcance, ya en su memoria, en su entorno o en su inspiración personal.

(MERCEDES DÍAZ ROIG, ed. del *Romancero*, Madrid, Cátedra, 1992, p. 57)

A. Intenta recordar alguna canción popular, algún cuento tradicional o incluso canciones infantiles. Seguro que encuentras temas o anécdotas que se han desarrollado con ciertas variaciones a partir de los romances que has estudiado. ¿Cuáles son los temas más abundantes? ¿Y las principales diferencias?

3 El "neotradicionalismo" no niega, en absoluto, el importante papel desempeñado por el autor individual que hubo de redactar, inevitablemente, la versión primera de cada composición; pero insiste de modo particular en la continuada participación de la colectividad y en el proceso evolutivo que ha conducido a cada uno de los romances al estado en que hoy podemos conocerlo. La transmisión oral posee, en consecuencia, una virtualidad creadora que radica en la misma naturaleza de este género literario y en su peculiar desenvolvimiento.

(PAUL BÉNICHOU, *Creación poética en el Romancero tradicional*, Madrid, Espasa, 1968, p. 7)

A. ¿Crees que guardan relación las palabras del anterior estudioso del *Romancero* con la práctica hoy tan habitual de "hinchar" una historia a partir de un rumor y transformarla tanto que puede llegar a no guardar relación con su origen? ¿En qué situaciones se da este fenómeno? ¿Por qué? ¿Se podrían crear romances a partir de todos estos comentarios?

B. Dividida la clase por grupos y a modo del famoso juego "suspiros chinos" un estudiante ha de decir al oído de su compañero, de forma rápida y casi ininteligible una frase sobre un tema que el profesor previamente ha elegido, y así sucesivamente, hasta completar una rueda de diez estudiantes: al final, después de escribir cada uno la frase que ha creído escuchar, se copiarán seguidas, y se "recompondrá" el texto para analizar lo obtenido. Redactad el romance resultante con las transformaciones necesarias.

4 En toda narración prolongada hay el peligro de que los hechos se refieran con abrumadora monotonía, dado que todos los tiempos son pretéritos. Para evitarlo no existe otro medio que variar el punto de mira, adoptando diferentes perspectivas y distancias, práctica seguida desde la antigüedad y que la épica medieval manejó con tanta frecuencia como eficacia. El *Romancero* continúa también las fórmulas estilísticas de las gestas en cuanto al uso de los tiempos verbales, haciendo con ellos lo mismo que los operadores de cine en nuestros días con la alternancia y diversidad de los planos y las imágenes.

(RAFAEL LAPESA, "La lengua de la poesía épica en los cantares de gesta y en el Romancero viejo" en *De la Edad Media a nuestros días. Estudios de historia literaria*, Madrid, 1967, p. 14)

A. Selecciona alguno de los romances que más te hayan llamado la atención y cambia los tiempos verbales a presente y a futuro: ¿qué efecto crees que has conseguido? ¿Qué transformaciones léxicas, sintácticas y estilísticas has tenido que hacer? ¿Ha cambiado el significado inicial del romance?

B. Cita algunos títulos de películas que hayas visto en el cine o en la televisión en las que la técnica fílmica recuerde a la empleada en los romances: *flashback*, inicio *in media res*, superposición de planos, cámara subjetiva, etc.

VERSIONES Y VARIACIONES

Se proponen a continuación una serie de actividades complementarias para hacer un análisis práctico del romance a lo largo de la historia de la literatura y de algunos de sus autores.

1

Una humilde corona,
a dulce Enrique Menéndez
de eternas siemprevivas
quisiera entretejerte,
que sobre tu sepulcro
dobladas balanceen
sus espigados tallos
al soplo del nordeste.

(*Antología del grupo poético del 27*, Madrid, Cátedra, 1979, p. 99)

2

LAS TRES HERMANAS
Estabais las tres hermanas
las tres de todos los cuentos,
las tres en el mirador,
tejiendo encajes y sueños.
Y yo pasé por la calle
y miré... Mis pasos secos
resonaron olvidados
en el vesperal silencio.
La mayor miró curiosa,
y la mediana riendo

me miró y te dijo algo...
Tú bordabas en silencio,
como si no te importase,
como si te diese miedo.
Y después te levantaste
y me dijiste un secreto
en una larga mirada,
larga, larga... Los reflejos
en las vidrieras borrosas
desdibujaban tu esbelto
perfil. Era tu figura
la flor de un nimbo de ensueño.
...tres erais tres, las hermanas
como en los libros de cuento.

(GERARDO DIEGO, *El romancero de la novia*, *ibídem*, p. 111)

3 La más bella niña
de nuestro lugar,
hoy viuda y sola
y ayer por casar,
viendo que sus ojos
a la guerra van,
a su madre dice,
que escucha su mal:
dejadme llorar
a orillas del mar.

(GÓNGORA, *Romances y letrillas*, Madrid, Clásicos Castalia, 1977, p. 75)

A. La Generación del 27 debe su nombre entre otras razones a la celebración del tricentenario de la muerte de Góngora; después de leer estos romances de Gerardo Diego y el de Góngora, responde: ¿por qué esa admiración por el poeta del Siglo de Oro?

B. ¿Qué aspectos semejantes descubres entre estas tres composiciones respecto del estilo?

4 Dio el caballero en torno a la estacada
un airoso paseo, acreditando
quién era más y más, y haciendo pruebas
del poder y obediencia del caballo:
y parándose en medio, en voz sonora
pidió con Sánchez combatir. Negado
por los jueces le fue, por no ser Sánchez
el que debía sostener el campo...

(DUQUE DE RIVAS, *Obras*, Madrid, Espasa-Calpe, p. 245)

5 Una noche de verano
—estaba abierto el balcón
y la puerta de mi casa—
la muerte en mi casa entró.
Se fue acercando a su lecho
—ni siquiera me miró—,
con unos dedos muy finos,
algo muy tenue rompió.
Silenciosa y sin mirarme,
la muerte otra vez pasó
delante de mí. ¿Qué has hecho?
La muerte no respondió.
Mi niña quedó tranquila,
dolido mi corazón.
¡Ay, lo que la muerte ha roto
era un hilo entre los dos!

(ANTONIO MACHADO, *Campos de Castilla*, Madrid, Cátedra, p. 145)

A. Extrae las principales ideas de estos dos romances.

B. ¿Se podría afirmar que Antonio Machado conserva parte del romanticismo característico del Duque de Rivas? ¿Por qué?

6 RUMOROSAS PESTAÑAS

Rumorosas pestañas
de los cañaverales
Cayendo sobre el sueño
del hombre hasta dejarle
el pecho apaciguado
y la cabeza suave
Ahogad la voz del arma,
que no despierte y salte
con el cuchillo de odio
que entre sus dientes late.
Así, dormido, el hombre
toda la tierra vale.

(MIGUEL HERNÁNDEZ, *Cancionero y Romancero de ausencias, Poemas,* Barcelona, Plaza y Janés, p. 84)

7 HACIÉNDOSE TARDE

Entre los últimos brotes
la rosa no se ve rara,
ni la alondra al levantarse
atiende a que el sol retrasa,
o el racimo ya tardío
cuida si es mustia la parra.
Pero tu cariño nuevo
la estación piensa acabada.
Pues la alondra con su canto
siempre puebla la mañana
y la rosa y el racimo
siempre llenan la mirada,
entonces, deja, no pienses
en que es tarde. ¿Hubo tardanza
jamás para olor y zumo
o el revuelo de algún ala?
Fuerza las puertas del tiempo,
amor que tan tarde llamas.

(LUIS CERNUDA, *La realidad y el deseo, "Con las horas contadas, Poemas para un cuerpo"*, Madrid, Fondo de Cultura Económica, 1979, p. 87)

8 UNA BALA EN LA BOCA

Una bala en la boca
se le llenó de sangre.
Sintió como un caliente
sabor de hondos metales
cual si la vida fuera
metal que se deshace
de pronto. ¿Es el sabor
la cita este alambre
rojo que salta o es
el de la muerte? Nadie
responde. Es ir sorbiendo
de uno mismo, ser cauce
de nuestra misma sed,
de nuestra propia hambre.
Río hacia adentro el río
que hacia afuera se evade.
¿A qué sabe la vida
o la muerte a qué sabe?

(LEOPOLDO DE LUIS, *"Con los cinco sentidos"*, *Lírica española de hoy*, Madrid, Cátedra, 1983, p. 151)

A. Por parejas, haced un análisis de los elementos reales que emplean estos dos poetas y el sentido simbólico que adquieren en sus composiciones.

B. Destaca algunas de las figuras retóricas coincidentes en ambos romances.

9 A LA NOCHE

Salve, o tú, noche serena,
que al mundo velas augusta,
y los pesares de un triste
con tu oscuridad endulzas.
El arroyuelo a lo lejos
más acallado murmura,
y entre las ramas el aura
eco armonioso susurra.

Se cubre el monte de sombras
que las praderas anublan,
y las estrellas apenas
con trémula luz alumbran.

(JOSÉ DE ESPRONCEDA, *Poesías líricas y fragmentos épicos*, Madrid, Clásicos Castalia,1986, p. 235)

10 INFIERNO Y GLORIA

Nieve ondulada reposa.
Olalla pende del árbol.
Su desnudo de carbón
tizna los aires helados.
Noche tirante reluce.
Olalla muerta en el árbol.
Tinteros de las ciudades
vuelcan la tinta despacio.
Negros maniquís de sastre
cubren la nieve del campo,
en largas filas que gimen
su silencio mutilado.

(FEDERICO GARCÍA LORCA, *"Tres romances históricos, Martirio de Santa Olalla"*, *Romancero Gitano*, Madrid, Cátedra, 1981, p. 284)

A. Espronceda y Lorca tienen algo en común: en sus poemas aparecen personajes marcados por un espíritu de libertad, como por ejemplo el pirata romántico o los gitanos lorquianos; describe el ambiente en que el deseo de ellos se materializa a través de estos romances.

B. Compara los adjetivos empleados en uno y otro romance por sus autores; analiza la gama de colores y los contrastes que producen.

11 ROMANCE DE LA PENA NEGRA

Las piquetas de los gallos
cavan buscando la aurora
cuando por el monte oscuro
baja Soledad Montoya.
Cobre amarillo, su carne
huele a caballo y a sombra.
Yunques ahumados, sus pechos,
gimen canciones redondas.
—Soledad, ¿por quién preguntas
sin compañía y a estas horas?
—Pregunte por quien pregunte,
dime, ¿a ti qué te importa?
Vengo a buscar lo que busco,
mi alegría y mi persona.
—Soledad de mis pesares,
caballo que se desboca
al fin encuentra la mar
y se lo tragan las olas.
...

(FEDERICO GARCÍA LORCA, *Romancero gitano, ibídem,* p. 247)

12 ROMANCE DEL EMPLAZADO

El veinticinco de junio
le dijeron al Amargo:
—Ya puedes cortar, si gustas,
las adelfas de tu patio.
Pinta una cruz en la puerta
y pon tu nombre debajo,
porque cicutas y ortigas
nacerán en tu costado,
y agujas de cal mojada
te morderán los zapatos.
Será de noche, en lo oscuro,
por los montes imantados,
donde los bueyes del agua
beben los juncos soñando.
Pide luces y campanas.

Aprende a cruzar las manos
y gusta los aires fríos
de metales y peñascos.
Porque dentro de dos meses
yacerás amortajado.

(F. GARCÍA LORCA, *Romancero gitano, ibídem*, p. 272)

A. Escribe un romance heroico dedicado a Lorca sintetizando las ideas principales de estos dos últimos poemas.

ACTIVIDADES GENERALES

1. Clasifica por épocas o periodos literarios a los anteriores autores y cita algunas de las características más importantes de cada periodo.

2. ¿Por qué existe esa preferencia, esa continuidad a la hora de escribir romances? ¿Cuáles son las diferencias más destacadas entre las distintas épocas (tema, estilo, tono...)?

3. ¿Hay algo que les une, algún rasgo unificador y común entre la diversidad de autores que han cultivado el romance?

4. De los romances anteriormente propuestos los hay de diferente versificación: ¿qué nombre reciben según sea la medida de sus versos? ¿Crees que cada medida conviene a un tema especial?

5. En grupos: discutid los diferentes temas de que tratan los autores en los romances propuestos y comparad con la temática estudiada en clase sobre el *Romancero*: ¿hay coincidencia de ideas?

6. En alguno de los romances existen huellas de Jorge Manrique y de *La dama del alba*. ¿En cuál de ellos? ¿Por qué? ¿Cómo se representa a la muerte?

7. Haced un estudio comparativo entre algunos de los romances del *Romancero* y los aquí propuestos para analizar la presencia o ausencia del encabalgamiento. ¿En cuáles predomina? ¿Por qué?

8. Sería interesante encontrar cierto parecido entre algunos de estos romances y los del *Romancero* respecto del tratamiento que recibe el tema de la realización personal del protagonista, las imposiciones que marca la realidad, la tragedia de las ansias vitales, la insatisfacción...; en definitiva, obsesiones humanas que encuentren en el romance el cauce idóneo para darles cabida y salida de forma directa o a través de la metáfora.

9. Clasifica los nombres propios de los distintos personajes que aparecen en estos romances y estudia el simbolismo que guardan.

10. El tema del misterio, de los presagios y de los augurios es una constante en los romances. ¿Cuál es el final de los mismos? ¿Queda resuelto el conflicto de alguna manera? ¿Cuáles son las figuras más frecuentes que usa el autor para añadir sorpresa y mantener viva y expectante la atención del lector?

ACTIVIDADES CREATIVAS

1. Escribe un romance sobre un acontecimiento histórico actual: ten en cuenta las licencias poéticas: figuras, usos metafóricos de las palabras, licencias métricas...

2. Escribe un romance heroico para expresar un sentimiento personal muy profundo, íntimo y emotivo.

3. Escribe un romancillo para contar a tu profesor brevemente cuáles son tus sensaciones cinco minutos antes de un examen.

4. Escribe una endecha en la que describas un objeto de uso habitual.

5. ¿Resulta posible clasificar las canciones actuales en los mismos grupos temáticos que los romances estudiados? Inténtalo y cita títulos y autores de las canciones que oyes con más frecuencia.

COMENTARIO LITERARIO

ROMANCE DEL PRISIONERO

Que por mayo era, por mayo,
cuando hace la calor...

1. Localización del marco global

Se trata de un romance anónimo perteneciente al Romancero Viejo y dentro de éste, a los romances lírico-narrativos; por lo tanto no es épico (presentaría una perspectiva objetiva), sino que muestra los sentimientos del poeta, su reacción y emociones personales ante un hecho objetivo —la prisión—, sin omitir o eludir descripciones exteriores.

De forma general —aunque más adelante se hará de manera específica—, podemos afirmar que incluye elementos líricos, narrativos y dialogísticos; predomina la intuición sobre la lógica; su difusión era probablemente oral cantada y fácilmente repetida gracias a paralelismos y anáforas; ha adquirido una gran popularidad.

2. El contenido

ACTITUD Y PUNTO DE VISTA

Este romance viene marcado por una actitud interna afectiva e íntima, rodeado de otra externa descriptiva.

El autor adopta una posición marcadamente subjetiva llena de afecto, hecho apreciado en el interés que muestra por algunos elementos del mes de mayo, relacionados con su estado de ánimo. Él como auténtico partícipe y protagonista de su desgracia admira la belleza de ese mes en el que sufre cautiverio y padece su propia angustia interior. Nada más real, sentido y lúcido.

ARGUMENTO

En plena primavera un prisionero sufre sus penas en una celda y se ve privado no sólo de libertad sino del disfrute y la contemplación del sol, el florecimiento de los campos, la luz...

El único resquicio de esperanza era una avecilla que al morir de un flechazo, sume a nuestro protagonista en una profunda desolación.

Queda muy bien marcada la identificación entre el autor y el protagonista, añadiendo un importante matiz de inmediatez al poema y acentuando el poder de dramatización que adquiere esta historia.

Domina una gran melancolía y un completo desánimo en consonancia con el ambiente claustrofóbico de la prisión.

El único movimiento que advertimos es el aleteo de la avecilla hasta que deja de existir: la sensación de soledad y estancamiento se agudiza con su muerte.

ESTRUCTURA

Se observan tres núcleos principales:

- El tiempo en que transcurre la acción: el mes de mayo y el esplendor de la naturaleza como fondo para el amor: "calor", "trigo", "calandria", "ruiseñor" y "amantes".
- La existencia triste y penosa del prisionero en contraste con el entorno exterior, tan sólo aliviada por las visitas del avecilla que le anima con su canto: "triste", "cuitado", "cantaba", "albor".
- La desaparición del pajarito y el lamento quejumbroso del prisionero.

Este último núcleo es el de mayor importancia y a él quedan subordinados los anteriores, necesarios para crear la atmósfera de agobio opresivo que debe de sentir el prisionero. Se trata de una relación antitética: frente a una alegre realidad exterior el protagonista asume —debe hacerlo, no tiene más remedio— la suya personal: desgraciada y abandonada, acentuada por la reiteración de los elementos iniciales y positivos del principio.

La estructura pasa de un espacio abierto a otro cerrado, hasta el desenlace final; está perfectamente tramada de forma lineal y fluida, ordenada y simétrica, según se oponen la alegría a la desilusión.

TEMA

Después de la anterior introducción resulta fácil enunciar el tema o la idea principal: "Soledad y tristeza de un prisionero frente a la belleza de la naturaleza y del amor".

Esta idea guarda cierta relación con el tópico clásico del *locus amoenus*, envoltorio típico, utilizado para acrecentar los dolores personales y los sufrimientos del alma (Garcilaso de la Vega "llora" y las piedras con él, Fray Luis de León se "recluye" en la serenidad de su Oda, en su paisaje, San Juan de la Cruz...).

El paisaje, la naturaleza envolvente se convierten, así pues, en un personaje más, animado de vida. Al leerlo experimentamos, junto con el protagonista una perfecta simbiosis y un conjunto de sensaciones marcadas por la emotividad, la soledad, etc.

3. La forma

NIVEL FÓNICO-FONOLÓGICO

Llama la atención la fonética de los siguientes versos: "cuando canta la calandria". Es significativa la repetición de nasales, dentales y el sonido vocálico "a" que acentúa y marca el contenido del verso, igual que en "responde el ruiseñor" la reiteración de la vibrante sonora "r" y la vocal abierta "e" para contraponer el marco alegre y cantarín al duro e incisivo subrayado por el fonema "i" que agudiza la imagen conceptual del verso: "sino yo triste, cuitado".

Respecto del análisis métrico conviene decir que este romance se compone de 16 versos octosílabos (una vez hechas las sinalefas pertinentes); los versos pares son oxítonos (contaremos una sílaba más) y riman entre sí en consonante —a pesar de la teoría métrica del romance— a excepción del verso 14 que lo hace en asonante y rompe así el esquema. Se pueden observar ciertas pausas en el interior de algunos versos como en el 1º y en el 9º, el resto del poema carece de pausas y se muestra con un ritmo ágil y fluido que favorece la alegría originaria y el decaimiento posterior.

NIVEL MORFOSINTÁCTICO

Llama la atención el uso del "que" inicial y el empleo del imperfecto en un claro contraste con el presente del resto, al modo de las narraciones infantiles y los cuentos populares "érase que se era...". La repetición del mes de mayo marca la importancia de este mes que nos localiza perfectamente el tiempo de la acción; encontramos un arcaísmo en el género femenino "la" atribuido al nombre "calor" y hoy sólo reducido a ámbitos rurales y a generaciones mayores o a contextos poéticos.

En los versos 3 y 4 se advierte el paralelismo semántico en forma de quiasmo si ordenamos sucesivamente los elementos usados para dar una mayor expresividad a la estación primaveral; de la misma manera que ocurre con el 5º y 6º ahora en clara referencia a las aves: calandria y ruiseñor. Tras la descripción de un paisaje idílico, encontramos la acción, o mejor, el sentimiento humano: enamorados, servir al amor... con una fuerte reminiscencia, gracias al verbo "servir", de la lírica del cancionero.

Importante y de gran efecto enfático resulta la anáfora "cuando" al principio de ciertos versos a modo de estribillo. Podemos destacar la ausencia de adjetivos frente a la presencia de sustantivos y verbos, para marcar la importancia de la sustancia y de la acción y relegar a un segundo plano la cualidad: el efecto de inmediatez continúa a través del presente, con una idea de crónica sentida y experimentada frente al pasado lejano y de apertura de los cuentos.

Claramente opuesto a este primer bloque se nos anuncia el segundo: versos 9 a 14, por medio de la conjunción adversativa "sino" introductoria de la tristeza y de la congoja personales de nuestro protagonista, al que se le atribuyen dos adjetivos: "triste" y "cuitado": es realmente así como se debe de sentir; incorporados al texto por la anáfora del "que" causal. Se suceden los motivos de angustia y negatividad: repetición de "ni" y experimentamos junto con el prisionero el dolor y la gravedad de su sufrimiento en el verbo "vivo": un presente no sólo actual sino continuo y sin duda desesperanzado, abatido como el protagonista.

Queda perfectamente plasmada la sensación de enclaustramiento con la reiteración encadenada del verbo ser en dos formas distintas: "es de día" y "las noches son", un plural enfático asociado a temor que provoca la presencia de la noche y la ausencia de luz.

En los versos 13 y 14 es comentable el diminutivo de "avecilla" que nada tiene que ver con tamaño, sino con carga afectiva llena de ternura y cariño, acompañado su canto del dativo simpatético o de interés "me cantaba", imperfecto de añoranza y recuerdo de mejores tiempos pasados en sufriente oposición a la dura realidad presente.

Resulta muy gráfica la imagen de "albor", la auténtica plenitud de luz y color frente a la oscuridad y la negrura que reina en el interior de su celda.

Los últimos versos marcan de forma abrupta el camino hacia el desenlace a través de un pasado, el indefinido, brusco y definitivo: "mató". No obstante y a pesar de este final no observamos grandilocuentes y exagerados gestos de dolor, todo está contenido: desde la emoción inicial hasta la desesperanza final; sólo hay una queja casi velada a modo de imprecación con un imperativo proferido más para consuelo del propio prisionero que como grito salvador hacia el público: "déle Dios mal galardón".

NIVEL SEMÁNTICO

Tan sólo cabe destacar algunas precisiones sobre ciertos aspectos que ya se han nombrado en el apartado anterior: la realidad palpable e inmediata de la acción hace que el autor use nombres concretos, nada abstractos que nos sustraigan de la emoción contenida que estamos compartiendo con el prisionero; domina un lenguaje sin metáforas ni imágenes, el sentido de las frases no es ambiguo ni polisémico. Lejos de resultar un baldón o un defecto, aumenta la precisión y la concentración de una poesía muy intensa. Sólo reiterar la franca oposición entre los primeros versos "primaverales" felices y amorosos frente al final marcado por la oposición de luz y color entre el día y la noche, acorde con el estado de ánimo de profundo pesar que siente por su situación personal el prisionero.

4. Conclusión

Prioritariamente domina la función emotiva llena de reacciones, sensaciones personales y que provocan en el lector el mismo sentimiento de angustia y dolor que en el protagonista; todos sentimos y vivimos con él la injusticia, incluso la tiranía de esa situación que ni tan siquiera puede ser aliviada con el sonido del canto de la avecilla.

El éxito del romance es la participación conjunta de su dolor, de su pena y de la intensa emoción.

En resumen, concluimos afirmando que se trata de un romance genuinamente popular que forma parte del acervo cultural literario y que es un fiel exponente de su capacidad para recoger sentimientos, ideas, aspiraciones..., de una comunidad que lo incorpora como patrimonio a su vida cotidiana. Es más un "relato" de vida que propiamente literatura.

Actividades

ROMANCE DE ABENÁMAR

1. Haz el comentario literario y lingüístico del *Romance de Abenámar.*

Abenámar, Abenámar,
moro de la morería...

2. Realiza las siguientes actividades (puedes insertarlas, si quieres en el comentario global):

- Analiza con cierto detenimiento el tema de origen árabe al que se alude en el romance. Describe la situación histórica a la que se refiere.
- Resalta la excelencia y la grandiosidad de la ciudad a través del uso de adjetivos.
- Comenta los detalles "reales" y los ficticios o inventados que existan.
- Expresa tu opinión sobre el estilo.

ÍNDICES

ÍNDICE DE PRIMEROS VERSOS

A Calatrava la vieja 36
A caza iban, a caza, 91
A cazar va don Rodrigo, 40
A cazar va el caballero, 107
Abenámar, Abenámar, 77
Afuera, afuera, Rodrigo, 46
Álora, la bien cercada, 77
Amores trata Rodrigo, 24
Arriba, canes, arriba, 94
Atal anda don García 97

Bien se pensaba la reina 109
Blanca sois, señora mía, 99
Buen alcaide de Cañete, 74
Buen conde Fernán González, 35

Cabalga Diego Laínez 43
Caballero, si a Francia ides 109
Castellanos y leoneses 33
Cercada tiene a Baeza 73
Compañero, compañero, 86
Con cartas y mensajeros 31
Conde Niño por amores 87
Cuán traidor eres, Marquillos, 91

Dadme nuevas, caballeros, 78
De Antequera partió el moro 75
De concierto están los condes 53
De Francia partió la niña, 108
De Mérida sale el palmero, 122
Después que el rey don Rodrigo 28
Día era de San Antón, 79
Doliente estaba, doliente, 46
Don Rodrigo, rey de España, 23
Doña María de Padilla, 63
Durandarte, Durandarte, 120

En Burgos está el buen rey 42
En Castilla está un castillo 120

En Castilla no había rey, 33
En Ceuta está el buen rey, 68
En Ceuta está Julián, 25
En las almenas de Toro, 52
En los reinos de León 30
En los tiempos que me vi 86
En París está doña Alda, 120
En Santa Gadea de Burgos, 51
En Sevilla está una ermita 100
Ese buen Diego Laínez 41

Ferido está don Tristán 105
Fontefrida, fontefrida, 85

Gerineldo, Gerineldo, 110
Grande rumor se levanta 42
Grandes guerras se publican 97
¡Guarte, guarte, rey don Sancho!, 48

Helo, helo, por do viene 52
Helo, helo, por do viene 106

La bella mal maridada, 100
La mañana de San Juan 76
Las huestes de don Rodrigo 26
Los vientos eran contrarios, 25
Lunes se decía, lunes, 68

Mandó el rey prender Virgilios 19
Media noche era por filo, 119
Mi padre era de Ronda 96
Miraba de Campo Viejo 64
Mis arreos son las armas, 94
Moriana en un castillo 93
Moricos, los mis moricos, 73
Moro alcaide, moro alcaide, 79
Moro, si vas a la España, 95

Nunca fuera caballero 106
Nuño Vero, Nuño Vero, 116

¡Oh Valencia, oh Valencia! 94

Pártese el moro Alicante 39
Paseábase el rey moro 80
Paseábase el rey moro 80
Por el val de las Estacas 44
Por la matanza va el viejo, 121
Por las riberas de Arlanza 30
Por los campos de Jerez 62

Que por mayo era, por mayo, 85
Quién hubiese tal ventura 108

Reduán, bien se te acuerda 73
Reina Elena, reina Elena, 17
Retraída está la infanta, 111
Rey don Sancho, rey don Sancho, 45
Rey don Sancho, rey don Sancho, 47
Riberas de Duero arriba 48
Río Verde, río Verde, 81
Rosa fresca, rosa fresca, 85

Saliendo de Canicosa 38
Sobre Baza estaba el rey, 82

Todas las gentes dormían 92
Tres cortes armara el rey, 54
Tres hijuelos había el rey, 105
Triste van los zamoranos 50

Un sueño soñaba anoche, 87

Válasme, nuestra señora, 59

Ya cabalga Diego Ordónez, 49
Ya se asienta el rey Ramiro, 64
Ya se sale de la priesa 27
Yo me adamé una amiga 99
Yo me era mora Moraima, 96
Yo me estaba allá en Coimbra, 60
Yo me estando en Giromena 66

ÍNDICE GENERAL

INTRODUCCIÓN

EL *ROMANCERO*
1. Introducción 5
2. Transmisión 6
3. Origen 6
4. Temas y clasificación 7
5. Características formales 8

EDICIONES DEL *ROMANCERO* 10
BIBLIOGRAFÍA 11

EL *ROMANCERO*

I. ROMANCES DE LA HISTORIA CLÁSICA

1. Romance de la reina Elena 17
2. Romance de Virgilios 19

II. ROMANCES HISTÓRICO-ÉPICOS

1. ROMANCES DE DON RODRIGO Y LA PÉRDIDA DE ESPAÑA
1.1. Romance de don Rodrigo en la casa de Hércules 23
1.2. Seducción de la Cava 24
1.3. La venganza de don Julián 25
1.4. Visión del rey don Rodrigo 25
1.5. La derrota de don Rodrigo 26
1.6. La huida de don Rodrigo 27
1.7. La penitencia de don Rodrigo 28

2. ROMANCES DE BERNARDO DEL CARPIO
2.1. Nacimiento de Bernardo 30
2.2. Por las riberas de Arlanza 30
2.3. Entrevista de Bernardo con el rey 31

3. ROMANCES DEL CONDE FERNÁN GONZÁLEZ
3.1. Crianza de Fernán González 33

3.2. Romance del rey Sancho Ordóñez 33
3.3. Romance del conde Ferrán González 35

4. ROMANCES DE LOS SIETE INFANTES DE LARA
4.1. Romance de doña Lambra 36
4.2. Muerte de los infantes de Lara 38
4.3. Almanzor presenta a Gustos las cabezas de sus hijos 39
4.4. La venganza de Mudarra 40

5. ROMANCES DEL CID
5.1. Diego Laínez prueba al más valiente de sus hijos 41
5.2. Romance de doña Jimena Gómez 42
5.3. Doña Jimena pide justicia al rey 42
5.4. Romance de Cid Ruy Díaz 43
5.5. Romance del Cid Ruy Díaz y el moro Abdalla 44
5.6. Romance del rey don Sancho 45
5.7. Romance del rey don Ferrando I 46
5.8. Quejas de la infanta contra el Cid 46

6. ROMANCES DE SANCHO II Y DEL CERCO DE ZAMORA
6.1. Romance del rey Sancho II de Castilla 47
6.2. Reto de los caballeros zamoranos 48
6.3. Romance del rey don Sancho 48
6.4. Reto de Diego Ordóñez 49
6.5. Tristeza que recibieron los zamoranos por el reto 50

7. ROMANCES DEL CID Y ALFONSO VI
7.1. Romance del juramento que tomó el Cid al rey don Alfonso 51
7.2. Reprehensión del Cid a don Alonso 52
7.3. Romance del rey moro que perdió Valencia 52
7.4. Romance de los condes de Carrión 53
7.5. Romance de las cortes de Toledo 54

III. ROMANCES HISTÓRICOS VARIOS

1. OTROS ROMANCES DE LA HISTORIA DE CASTILLA
1.1. Romance del rey don Fernando IV 59
1.2. Romance de don Fadrique 60
1.3. Romance del rey don Pedro el Cruel 62
1.4. Muerte de doña Blanca de Borbón 63

2. ROMANCES DE LA HISTORIA DE ARAGÓN
2.1. Romance del rey Ramiro 64
2.2. Romance del rey de Aragón 64

3. ROMANCES DE LA HISTORIA DE PORTUGAL
3.1. Romance de doña Isabel de Liar 66

3.2. Romance de la venganza de doña Isabel 68
3.3. Romance del duque de Berganza 68

IV. ROMANCES FRONTERIZOS

1. Del cerco de Baeza 73
2. Romance del asalto de Baeza 73
3. Reduán, bien se te acuerda 73
4. De Fernandarias 74
5. Romance del moro de Antequera 75
6. La mañana de San Juan 76
7. Romance de Abenámar 77
8. Romance de Álora, la bien cercada 77
9. Romance de don Enrique de Guzmán 78
10. Romance de la prisión del obispo don Gonzalo 79
11. Romance del alcaide de Alhama 79
12. Romance del rey moro que perdió Alhama 80
13. Romance de la pérdida de Alhama 80
14. Romance de Sayavedra 81
15. Romance del cerco de Baza 82

V. ROMANCES NOVELESCOS

1. Romance del prisionero 85
2. Romance de Rosa fresca 85
3. Romance de Fontefrida 85
4. Romance de la amiga muerta 86
5. Compañero, compañero 86
6. Romance del enamorado y la muerte 87
7. Romance del amor más poderoso que la muerte 87

VI. ROMANCES CABALLERESCOS SUELTOS

1. Romance de Rico Franco 91
2. Romance de Marquillos 91
3. Romance de la linda Melisenda 92
4. Romance de Moriana 93
5. Arriba, canes, arriba 94
6. La constancia 94
7. Romance del rey moro 94
8. Las dos hermanas 95
9. Romance que dice: Mi padre era de Ronda 96
10. Yo me era mora Moraima 96
11. Romance de don García 97
12. El conde Sol 97
13. De Blanca niña 99
14. Romance de Catalina 99
15. Romance de la bella mal maridada 100
16. La ermita de San Antonio 100

VII. ROMANCES DEL CICLO ARTÚRICO

1. Romance de don Tristán 105
2. Romance de Lanzarote y el ciervo 105
3. Romance de Lanzarote y el orgulloso 106
4. Romance del infante vengador 106
5. Romance de la infantina 107
6. Romance del conde Arnaldos 108
7. De Francia partió la niña 108
8. De las señas del esposo 109
9. Bien se pensaba la reina 109
10. Romance de Gerineldo 110
11. Romance del conde Alarcos y de la infanta Solisa 111
12. Nuño Vero 116

VIII. ROMANCES DEL CICLO BRETÓN

1. Romance de don Gaiferos 119
2. Romance de Rosaflorida 120
3. Romance de Durandarte 120
4. Romance de doña Alda 120
5. Romance que dicen: Por la matanza va el viejo 121
6. Romance del palmero 122

MATERIAL DE TRABAJO

BLOC DE NOTAS 127
CONTRASTE DE OPINIONES 133
VERSIONES Y VARIACIONES 136
ACTIVIDADES GENERALES 144
ACTIVIDADES CREATIVAS 145
COMENTARIO LITERARIO 146

NyC clásicos

TÍTULOS PUBLICADOS:

1. DRAMAS RURALES
Jacinto Benavente

2. CUENTOS DE AYER Y DE HOY DE BOCCACCIO A UPDIKE
ANTOLOGÍA

3. CUENTOS
Oscar Wilde

4. VUELO NOCTURNO
A. de Saint Exupéry

5. LA AVENTURA EQUINOCCIAL DE LOPE DE AGUIRRE
Ramón J. Sender

NyC biblioteca de aula

TÍTULOS PUBLICADOS:

1. EL SÍ DE LAS NIÑAS
Leandro F. de Moratín

2. TRAYECTORIAS POÉTICAS DEL 27
ANTOLOGÍA

3. LA VIDA ES SUEÑO
P. Calderón de la Barca

4. CUENTOS DEL REALISMO
ANTOLOGÍA

5. ANTOLOGÍA POÉTICA
Antonio Machado

6. ARTÍCULOS
Mariano José de Larra

7. LAZARILLO DE TORMES
Anónimo

8. LA TESIS DE NANCY
Ramón J. Sender

9. EL BUSCÓN
Francisco de Quevedo

10. EL CONDE LUCANOR
Don Juan Manuel

11. EL ROMANCERO
ANTOLOGÍA
Anónimo